AF451922

PROGRESSION

NOUVELLE

POUR L'ÉCOLE DU CAVALIER A CHEVAL,

PAR D'ELBÉE,

Capitaine Instructeur au 2ᵉ Régiment de Cuirassiers.

PROGRESSION NOUVELLE

POUR

L'ÉCOLE DU CAVALIER

A CHEVAL,

PAR D'ELBÉE,

CAPITAINE INSTRUCTEUR

AU DEUXIÈME RÉGIMENT DE CUIRASSIERS.

SEDAN,

Imprimerie de LAROCHE-JACOB, rue Napoléon, 22.
— Avril 1847. —

PROGRESSION NOUVELLE

POUR

L'ÉCOLE DU CAVALIER A CHEVAL.

Préliminaires.

Le but de cette progression est de rendre plus facile pour l'homme de recrue l'étude de l'équitation, dont les commencements surtout présentent tant d'obstacles à vaincre. Persuadés qu'on ne surmonte les difficultés qu'à la condition de les combattre une à une, nous avons pensé que les quatre leçons de l'école du cavalier devaient être divisées de la manière suivante :

Première leçon : étude de la position, de pied ferme ;

Deuxième leçon : étude de la position, en marchant ;

Troisième leçon : conduite du cheval ;

Quatrième leçon : équitation militaire, maniement des armes, etc.

De plus, nous croyons que la méthode employée pour l'instruction du soldat dans les chambres, peut être utilement appliquée à l'instruction du cavalier au manége. L'homme, pour profiter des leçons qu'on lui donne, doit pouvoir se rendre compte de l'extérieur du cheval, du mécanisme des différentes allures, et connaître sa propre conformation. Nous avons donc joint à cette progression des tableaux qui contiennent les nomenclatures et les définitions nécessaires.

PREMIÈRE LEÇON.

Dans cette leçon, nous plaçons l'homme à cheval, et nous lui expliquons les motifs qui l'obligent à prendre telle ou telle position. Par des mouvements de flexion isolés ou généraux, nous assouplissons son corps et ses membres, nous lui donnons la conscience de sa force.

Cette première leçon peut se donner dans les écuries, lorsque la température ou les circonstances l'exigent ; les chevaux désignés pour une prochaine réforme y suffiront presque : et l'on sait combien les premières leçons sont habituellement nuisibles à la conservation des chevaux.

DEUXIÈME LEÇON.

Nous indiquons à l'homme de recrue les moyens qu'il doit employer pour conserver, *pendant la marche*, la position qu'il a prise *de pied ferme;* nous mettons le cheval en mouvement, mais nous ne nous occupons point encore de la *conduite;* le cavalier obéit, pour ainsi dire, au cheval, et répète, pendant que celui-ci marche sur les pistes, les mouvements de flexion qui devront lui faire acquérir la souplesse, et lui permettront de conserver l'équilibre que les mouvements du cheval tendent à détruire. Cette deuxième leçon est donc l'application des prescriptions données pendant la première.

TROISIÈME LEÇON.

La bonne position a assuré l'égale répartition des forces, et donné à l'homme la solidité ; les flexions de pied ferme et en marchant ont amené la souplesse : nous instruisons alors le cavalier *à conduire* son cheval, à régler ses mouvements, en un mot à exiger de lui l'obéissance.

QUATRIÈME LEÇON.

Le cavalier bien placé et conduisant avec méthode apprend à se servir de ses armes.

Dans le courant des leçons, de fréquentes interrogations familiariseront les cavaliers avec les tableaux.

Nous avons donc substitué, dans les trois premières leçons, le travail du manége civil au travail militaire; en voici la raison : les commandements militaires exigent une rapidité d'exécution à laquelle l'homme de recrue ne peut être habitué dès les premiers jours; c'est toujours au détriment des chevaux et sans profit pour l'élève, que l'instructeur obtient cette spontanéité de mouvements; le cavalier inexpérimenté surpris par le commandement, ne rassemble point son cheval, le brusque, l'irrite, le met sur les jarrets. De là cette dureté de la main, cette irrégularité dans l'emploi des aides, que l'on reproche trop justement à nos soldats. Dans les exercices du manége civil, les indications faites sur le ton de l'avertissement n'en déterminent pas moins une exécution précise, quoique sans brusquerie : quel inconvénient y aurait-il donc à faire de l'homme de recrue, si souvent étranger à l'équitation à son arrivée au corps, un cavalier d'abord, et ensuite, au moyen de la quatrième leçon, un cavalier militaire. Surmontons les difficultés de la position et de la conduite, l'instruction purement militaire s'acquerra plus tard en un petit nombre de séances; nous exercerons alors les cavaliers à monter à cheval par temps, à exécuter les différents mouvements aux commandements prescrits par l'ordonnance. De cette manière, nos recrues arriveront à l'école de peloton avec moins de fatigue et en moins de temps : leur intelligence aura été développée par l'étude des nomenclatures; ils connaîtront leurs chevaux, se rendront un compte plus exact des moyens à employer pour les conduire; ils seront hommes de cheval enfin, et nous sommes convaincus que cette instruction puisée dans nos trois premières leçons ne sera perdue ni pour les manœuvres, ni pour les routes, ni pour les soins journaliers que le cheval réclame.

Nous avons substitué deux séances, d'une heure ou de trois quarts d'heure, à la leçon de deux heures que prescrit l'ordonnance. — Les hommes de recrue, surtout dans les premiers temps de leur instruction, se fatiguent vite, et il est difficile d'obtenir que leur attention se soutienne pendant toute la durée d'une longue leçon.—En coupant le travail en deux séances, on peut être plus exigeant. Cette méthode est d'ailleurs appliquée au dressage des jeunes chevaux et pour des motifs tout-à-fait analogues à ceux qui nous ont engagé à l'adopter pour les hommes.

Les recrues ne devront commencer leur instruction à cheval que lorsqu'ils auront terminé les trois premières leçons à pied de l'ordonnance; la quatrième leçon à pied se donnera en même temps que la quatrième leçon à cheval.

H. R......D.

Cette Progression, tirée à un très-petit nombre d'exemplaires, n'est point destinée à la publicité dans toute l'acception du mot. Je ne l'ai imprimée que pour pouvoir la soumettre à l'appréciation de ceux que leur position élevée et leur expérience appelent à juger les essais des Officiers de l'armée. J'ai voulu aussi la faire connaître à quelques amis dont le suffrage serait pour moi d'un grand prix.

Bien que cette brochure soit le résultat d'études faites par moi, depuis que je suis Capitaine instructeur au 2ᵉ régiment de Cuirassiers, je dois cependant remercier ici, d'abord le colonel Reibell, dont la bienveillance éclairée m'a soutenu et encouragé, et aussi mes camarades Renouard et De Ginestet, dont les avis m'ont été si souvent utiles.

PREMIÈRE LEÇON.

PREMIÈRE PARTIE.

8 SÉANCES.
- Flexions des reins pour servir à l'extension du buste.
- Flexions des membres supérieurs.
- Mobilisation des membres supérieurs.
- Flexions des mains, mobilisation de la tête.

8 SÉANCES.
- Rotation et extension des cuisses.
- Flexions des jambes.
- Mobilisation des pieds.

14 SÉANCES. Exercice général pour toutes les parties.

30 SÉANCES.

DEUXIÈME PARTIE.

20 SÉANCES.
- Exercices avec des poids dans les mains.
- Pression des genoux.
- Déplacement du tronc.

10 SÉANCES.
- Manière de tenir les rênes du bridon.
- Alonger et raccourcir les rênes du bridon.
- Croiser et séparer les rênes.
- Effet de chaque rêne du bridon.
- Flexions latérales de la tête et de l'encolure.
- Effet de chaque jambe.
- Flexions latérales de la croupe.
- Défiler.

30 SÉANCES.

Cette première leçon se donne de pied ferme. Les cavaliers sont en veste d'écurie, bonnet de police et bottes sans éperons. — Les chevaux sont sellés et en bridon ; les étriers sont relevés.

On désignera, autant que possible, un instructeur pour deux cavaliers.

Un cheval suffit pour deux cavaliers ; pendant que l'un d'eux exécute les mouvements, l'autre tient le cheval par le bridon, et donne toute son attention au travail, pour l'exécuter à son tour.

Les cavaliers sont exercés deux fois par jour ; chaque séance est d'une heure, y compris les instants de repos.

Tous les mouvements s'exécutent à une simple indication de l'instructeur.

Dans le manège, les chevaux sont placés sur la même ligne, la croupe au mur, et à un pas (un mètre) les uns des autres.

Cette leçon peut se donner dans les écuries, si celles-ci sont assez vastes pour que les chevaux y soient placés en arrière de leurs intervalles, comme ils le seraient dans le manège. Dans aucun cas le travail ne doit avoir lieu dehors.

Lorsque l'Instructeur en chef aura assez étudié les hommes qu'il est chargé d'instruire, et connaîtra le degré d'aptitude de chacun d'eux, il devra faire un choix des cavaliers qui, par leur maladresse, pourraient entraver l'instruction, et les réunir en une classe séparée, à la tête de laquelle seront placés les instructeurs de détail les plus patients.

PREMIÈRE PARTIE.

DÉTAIL.

(Les détails contenus dans cette colonne doivent seuls être donnés aux cavaliers.)

Pour conduire les chevaux au manège, le cavalier tient les rênes du bridon à 16 centimètres du mors, les ongles en dessous, la main haute et ferme pour empêcher le cheval de sauter.

SAUTER A CHEVAL.

Indication : *A cheval.*

Pour sauter à cheval, s'approcher de l'épaule du cheval, prendre et séparer avec la main droite une poignée de crins, la placer dans la main gauche le plus près possible de leur racine, et sans les tortiller autour des doigts, saisir la batte de la selle avec la main droite, les quatre doigts en dedans, le pouce en dehors ; puis, après avoir ployé légèrement les jarrets, s'enlever sur les poignets, de manière que la ceinture arrive à hauteur du garrot ; passer alors la jambe droite tendue par dessus la croupe sans la toucher et se mettre légèrement en selle.

SAUTER A TERRE.

Ind. : *A terre.*

Saisir avec la main gauche une poignée de crins, les doigts bien fermés ; placer la main droite sur la batte, s'enlever sur les poignets, rapporter la cuisse droite à côté de la gauche, rester un instant dans cette position et arriver légèrement à terre sur la pointe des pieds.

POSITION DU CAVALIER A CHEVAL.

Donner au buste toute l'extension possible, de manière que chacune de ses parties repose sur celle qui lui est inférieurement adhérente, afin que les fesses portent entièrement sur la selle ; laisser tomber les bras sans force sur les côtés, embrasser la selle des cuisses et des genoux, maintenir les jambes près du corps du cheval sans le serrer, et laisser aux pieds la liberté de suivre naturellement le mouvement des jambes.

Travail en selle, le cheval étant de pied ferme.

FLEXIONS DES REINS.

Ind. : *Flexions des reins.*

On entend par *flexions*, un mouvement plusieurs fois répété, d'arrière en avant et d'avant en arrière.

Pour fléchir les reins, porter la ceinture (*vertèbres lombaires*) alternativement d'arrière en avant et d'avant en arrière.

Ce mouvement de voltige devant contribuer à donner au cavalier de la force et de l'agilité, on le fera répéter plusieurs fois avant de permettre à l'homme de s'asseoir sur la selle. La répétition fréquente de ce travail lui donnera d'ailleurs la mesure de ce qu'il pourra exécuter, lorsqu'il aura acquis l'adresse nécessaire pour ne rien perdre de la force qu'il a dans les bras et dans les reins.

L'instructeur veille à ce que le cavalier se rapproche le plus possible de son cheval sans écarter les pieds.

Lorsque le cavalier sera à cheval, l'instructeur étudiera sa position naturelle, afin d'exercer plus fréquemment les parties qui ont de la tendance à l'affaissement ou à la raideur. Tout en cherchant à bien placer chaque partie du corps, on doit consulter la structure de l'homme que l'on instruit : car il est des défauts de position que ses habitudes premières ou sa conformation plus ou moins vicieuse rendent à peu près incorrigibles.

Ces flexions ont pour but de redresser le haut du corps, et de donner au buste la position et la mobilité convenables. Elles sont indispensables pour assurer l'assiette, et pour amener l'aisance des épaules, qui n'auront le degré d'abandon nécessaire, que lorsque la position des reins.

qui leur servent de base, sera parfaitement régulière. — Si les reins sont dans un état permanent de raideur, le moindre choc suffit pour déranger l'assiette du cavalier, qui le ressent pour ainsi dire dans toutes les parties du corps. — Si les reins sont assouplis par des flexions faites à propos et souvent répétées, leur mobilité permettra au cavalier de rétablir promptement l'équilibre de sa position, détruit par une cause quelconque.

On devra exercer pendant longtemps à ces flexions les cavaliers dont les reins sont mous, sans avoir égard à la raideur qu'elles entraîneront, et aux dérangements dans l'assiette qu'elles amèneront d'abord. — Pour tous les cavaliers indistinctement, on renouvellera souvent les flexions de reins, et en laissant les hommes s'abandonner de temps à autre, on parviendra à leur faire comprendre que c'est par la force et l'énergie qu'ils arriveront à être liants, et non par l'abandon de toutes les parties du corps, si mal à propos recommandé.

Ce n'est que lorsque ces flexions s'exécuteront bien que l'on passera à celles des membres. Cette observation s'applique à tous les mouvements suivants que l'homme devra parfaitement comprendre avant de passer de l'un à l'autre.

FLEXIONS DES MEMBRES SUPÉRIEURS.

Ind. : *Flexions du bras droit (gauche).*

Le membre étant étendu dans une direction horizontale et les doigts ouverts, fléchir l'avant-bras sur le bras, de manière que le poignet arrive presque à la partie supérieure du bras; après un léger temps d'arrêt, exécuter l'extension, et continuer ainsi, aussi longtemps qu'on pourra le faire sans fatigue.

MOBILISATION DES MEMBRES SUPÉRIEURS.

Ind. : *Mobilisation du bras droit (gauche).*

On entend par *mobilisation*, un mouvement dans tous les sens, répété un certain nombre de fois.

Le membre étant baissé le long du corps, dans une direction verticale, et les doigts ouverts, lui faire décrire un cercle dont l'articulation de l'épaule sera le centre, d'abord d'avant en arrière et ensuite d'arrière en avant.

Ind. : *Mobilisation diagonale du bras droit (gauche).*

Le membre étant étendu en avant, à hauteur des yeux, et les doigts ouverts, lui faire exécuter le même mouvement circulaire, mais diagonalement de gauche à droite et de droite à gauche, par dessus l'encolure du cheval.

FLEXIONS DE LA MAIN SUR L'AVANT-BRAS.

Ind. : *Flexions de la main droite (gauche).*

Les mains étant fermées et placées à hauteur

Pendant ces différents exercices, l'instructeur veille avec le plus grand soin à ce que le corps conserve sa position.

On commencera par assouplir d'abord chaque membre isolément, et ensuite les deux en même temps.

C'est principalement pendant cette mobilisation diagonale que l'instructeur doit veiller à la bonne position des épaules qui doivent rester sur la même ligne.

des coudes, ceux-ci dans la direction des épaules, et les doigts se faisant face, les fléchir dans tous les sens de leur articulation avec l'avant-bras, sans que celui-ci participe à leur mouvement.

MOBILISATION DE LA TÊTE.

Ind. : *Mobilisation de la tête.*

Tourner la tête alternativement à droite et à gauche, l'élever et la baisser.

ROTATION ET EXTENSION DES CUISSES.

Ind. : *Extension de la cuisse droite (gauche).*

La *rotation* est un mouvement circulaire du membre sur lui-même.

Pour exécuter la rotation des cuisses, éloigner autant que possible des quartiers de la selle l'une des deux cuisses, la rapprocher ensuite en tournant le genou de dehors en dedans, afin de la rendre adhérente à la selle par le plus de points de contact possible.

L'instructeur veille à ce que les mouvements de la tête ne s'étendent point aux épaules.

L'instructeur veille à ce que la cuisse ne retombe pas lourdement; elle doit reprendre sa position par un mouvement progressif et lent; toutes les fois que le cavalier étend la cuisse en arrière, il doit plier les reins, afin d'éviter l'effet de bascule qui accompagne ordinairement le déplacement des parties inférieures, et pour donner en même temps une base plus large à l'assiette. De cette juste flexion des reins dépend la bonne position de la cuisse, qui fixe les fesses sur la selle. Les fesses et les cuisses, parties immobiles, sont un centre auquel les parties mobiles puisent la force nécessaire à leurs mouvements. Ce n'est pas par une contraction continue que la cuisse doit acquérir l'adhérence à la selle, mais bien par de petits mouvements de rotation multipliés. La force qui détermine cette rotation est aussi employée pour porter la cuisse en arrière, afin que celle-ci puisse s'alonger de toute sa longueur.

On entend par force, la puissance musculaire que possède chaque membre, et qui lui permet d'exécuter tel ou tel mouvement.

On fera faire de fréquents repos, car il y aurait inconvénient à prolonger la durée de ce travail au-delà des forces du cavalier.

MOYENS A EMPLOYER
POUR FAIRE EXÉCUTER LA ROTATION
DE CHAQUE CUISSE.

Pour la cuisse gauche, l'instructeur se place en avant de l'épaule gauche du cheval, prend le talon de la botte du cavalier dans la main droite, qui déterminera le mouvement de la jambe en la détachant, saisit le genou du même côté avec la main gauche qui contournera la cuisse en l'assujétissant à la selle. Ces deux effets doivent se produire simultanément.

Pour la cuisse droite, on agira par les moyens inverses.

L'exécution de ce mouvement présente de grandes difficultés; c'est pour éviter la fatigue et obtenir un résultat plus prompt, que l'instructeur dans les premiers jours de cet exercice, devra diriger la jambe du cavalier; lorsque celui-ci comprendra parfaitement ce mouvement de rotation, il devra l'exécuter de lui-même. Chaque cuisse ayant été assouplie isolément, on

FLEXIONS DES JAMBES.

Ind. : *Flexions de la jambe droite (gauche).*

Remonter la jambe jusqu'au troussequin de la selle, que l'on doit toucher avec le talon, et après un temps d'arrêt, la replacer lentement à la position prescrite.

fera répéter cette rotation en faisant mouvoir les deux cuisses en même temps.

Pendant cet exercice, l'instructeur veille à ce que les genoux conservent toujours une adhérence parfaite avec la selle. En renouvelant plusieurs fois les flexions en arrière, les jambes conserveront une liaison intime avec le corps du cheval; leur mouvement ne s'étendra plus jusqu'aux cuisses qui doivent rester immobiles, puisqu'elles sont destinées à assurer l'assiette et à transmettre aux jambes la force qui leur est nécessaire. — Les jambes ne doivent être mises en mouvement que pour se porter en arrière; si le cavalier les portait en avant, il détruirait l'immobilité des cuisses; celles-ci deviendraient donc impuissantes à communiquer aux jambes la force dont elles ont besoin. En portant, au contraire, les jambes en arrière des sangles, on augmente leurs points de contact, et on imprime à leurs mouvements plus de vigueur et de précision. Lorsque chaque jambe aura été assouplie isolément, on répétera le mouvement en fléchissant les deux jambes en même temps.

MOBILISATION DES PIEDS.

Ind. : *Mobilisation du pied droit (gauche).*

Tourner le pied à droite et à gauche; l'élever, le baisser, sans que la jambe participe à ces mouvements.

Les pieds doivent être assez assouplis, pour suivre les mouvements des jambes.

EXERCICE GÉNÉRAL DE TOUTES LES PARTIES.

Répéter indistinctement toutes les flexions, mobilisations et rotations indiquées.

Tout en exigeant plus de régularité dans l'exécution de ces divers exercices, l'instructeur veille à ce que chaque force agisse séparément, et n'en mette pas inutilement d'autres en jeu, c'est-à-dire que les mouvements du bras, par exemple, n'influent jamais sur la position des épaules, que ceux des cuisses ne déplacent point le tronc, que ceux des jambes ne dérangent point les cuisses.

DEUXIÈME PARTIE.

EXERCICE AVEC DES POIDS DANS LES MAINS.

Tenir un poids de 5 à 10 kilog. dans chaque main, et exécuter, en suivant la progression de la première partie, les flexions, mobilisations et rotations prescrites, d'abord les bras ployés, et ensuite les bras étendus de toute leur longueur.

Il est évident que lorsque le cheval sera en mouvement, le cavalier devra employer une plus grande force pour assurer sa position, et pour exécuter les différents exercices qui lui donneront la souplesse et la solidité; pour l'amener progressivement à ce but, on lui fait prendre des poids dans les mains; les poids représentent donc la résistance plus grande que le cheval *en mouvement* opposera à la volonté du cavalier.

Ces divers exercices ont encore pour but d'apprendre au cavalier à combiner la force de ses membres supérieurs avec celle de ses reins, sans déranger le buste qui doit toujours être maintenu dans la même position.

L'instructeur aura l'attention d'entrecouper le travail de fréquents repos, dont il diminuera la durée à mesure que le cavalier sera plus habitué à soutenir les poids dont ses bras sont chargés, et qu'il acquerra plus de facilité et de souplesse.

Dans les flexions relatives aux membres supérieurs, on ne fera que celles de l'avant-bras sur le bras. On fera prendre d'abord un poids de 5 kilog., et l'on augmentera successivement la pesanteur jusqu'à 10 kil. (On peut se servir au lieu de poids qu'on n'a pas toujours à sa disposition, de musettes contenant du sable ou des pierres.)

PRESSION DES GENOUX.

Serrer avec une certaine force les genoux, de manière à les maintenir fermés et collés aux quartiers de la selle.

L'instructeur pour juger du degré de force employée à cette pression, place une courroie de charge entre le genou du cavalier et le quartier de la selle; puis il tire cette courroie lentement et progressivement, pendant que de son côté le cavalier fait usage de la force de ses genoux pour la retenir.

DÉPLACEMENT DU TRONC, SUR LES COTÉS, EN ARRIÈRE ET EN AVANT.

Le cavalier ayant été forcé par l'instructeur de prendre une position qui le met en dehors de son assiette, devra se remettre en selle, sans employer le secours des épaules, et seulement avec l'aide des hanches et des genoux.

L'instructeur se placera à côté du cheval, et poussera le cavalier par la hanche, de manière que son assiette se trouve portée en dehors de la selle.

On prescrira ensuite au cavalier de se ployer en arrière, de manière que son corps aille toucher la croupe du cheval, ou encore de porter le corps en avant, de manière que sa tête vienne toucher l'encolure.

Avant d'opérer un nouveau déplacement, l'instructeur donnera au cavalier le temps de se remettre en selle; il veillera avec soin à ce que, pour reprendre son assiette, l'homme ne fasse usage que des parties les plus rapprochées de la base, c'est-à-dire des hanches et des genoux. En effet le secours des épaules influerait sur la main dont la position deviendrait irrégulière; l'emploi des jambes aurait des inconvénients plus grands encore.

MANIÈRE DE TENIR LES RÊNES DU BRIDON.

Prendre une rêne de bridon dans chaque main, l'extrémité supérieure sortant du côté du pouce, les doigts fermés, le pouce alongé sur chaque rêne, les mains à hauteur des coudes, qui devront être dans la direction des épaules, les doigts se faisant face.

Les dix dernières séances seront employées à répéter le travail de cette leçon, le cavalier tenant une rêne de bridon dans chaque main. On l'instruira de l'effet de chaque rêne et de chaque jambe. L'instructeur aura l'attention de joindre l'exemple au précepte.

ALONGER LES RÊNES DU BRIDON.

Ind. : *Alongez la rêne gauche (droite).*

Pour alonger la rêne gauche, rapprocher les mains l'une de l'autre sans les renverser, saisir

Lorsque l'on est obligé d'alonger ou de raccourcir immédiatement les deux rênes, on ne

la rêne avec le pouce et le premier doigt de la main droite, au-dessus du pouce gauche; entr'ouvrir la main gauche et faire couler la rêne jusqu'à ce que les deux pouces se touchent; refermer ensuite les doigts et replacer les mains comme il est prescrit. Pour alonger la rêne droite, mêmes principes et moyens inverses.

RACCOURCIR LES RÊNES DU BRIDON.

Ind. : *Raccourcissez la rêne gauche (droite).*

Pour raccourcir la rêne gauche, rapprocher les mains l'une de l'autre sans les renverser, saisir la rêne avec le pouce et le premier doigt de la main droite, de manière que les deux pouces se touchent; entr'ouvrir la main gauche, élever la main droite et laisser couler la rêne jusqu'à ce que les pouces se trouvent suffisamment éloignés l'un de l'autre; refermer de suite les doigts et replacer les mains comme il est prescrit.

Pour raccourcir la rêne droite, mêmes principes et moyens inverses.

CROISER LES RÊNES DANS LA MAIN GAUCHE.

Ind. : *Croisez vos rênes dans la main gauche.*

Renverser le poignet gauche, les ongles en dessous, en l'amenant vis-à-vis du milieu du corps, entr'ouvrir la main, y passer la partie de la rêne qui était dans la main droite, refermer la main gauche et laisser tomber la main droite sur le côté.

SÉPARER LES RÊNES.

Ind. : *Séparez vos rênes.*

Entr'ouvrir la main gauche, saisir avec la main droite la partie de la rêne droite qui est dans la main gauche, et replacer les mains à la position prescrite.

Pour croiser les rênes dans la main droite et les séparer, mêmes principes et moyens inverses.

EFFET DE CHAQUE RÊNE DU BRIDON.

Les mains étant placées comme il est prescrit, et les rênes du bridon à la longueur convenable, en tirant avec une certaine force sur l'une d'elles, on détermine le bout du nez du cheval à tourner du côté où la rêne se tend; en augmentant l'effet de la rêne et en la maintenant un instant dans cette position, on fait suivre la tête et l'encolure. Pendant cette opération, le cavalier doit aider à l'impulsion donnée, en relâchant peu à peu la rêne opposée.

FLEXIONS LATÉRALES DE LA TÊTE ET DE L'ENCOLURE.

Ind. : *Amenez la tête à droite (à gauche).*

Pour fléchir la tête et l'encolure à droite, le

cavalier tenant une rêne de bridon dans chaque main, tend la rêne droite, d'abord avec modération et augmente ensuite son effet, en proportion de la résistance du cheval, et de manière à toujours dominer cette résistance. Pendant cette opération, la rêne gauche, qui sentait à peine l'appui du mors, doit céder à mesure que la tête du cheval se tourne à droite, afin de n'apporter aucun obstacle à la flexion de l'encolure.

La flexion à gauche s'exécute suivant les mêmes principes et par les moyens inverses.

EFFET DE CHAQUE JAMBE.

Les jambes étant placées dans la flexion prescrite, en appuyant avec une certaine force l'une d'elles sur les flancs du cheval, on détermine la croupe à céder à la pression. Pendant cette opération la jambe opposée modère l'effet de celle qui agit.

FLEXIONS LATÉRALES DE LA CROUPE.

Ind. : *Amenez la croupe à droite (à gauche).*

Les jambes étant placées dans la flexion prescrite, pour faire céder la croupe à droite, fermer la jambe gauche et l'appuyer sans à-coup sur le flanc du cheval.

La jambe droite reste immobile, reçoit le déplacement de la croupe et régularise le mouvement.

DÉFILER.

Ind. : *Défilez.*

Saisir les rênes du bridon avec la main droite, à 16 centimètres du mors, partir du pied gauche, tenir la main haute et ferme pour empêcher le cheval de sauter.

un instant dans la flexion prescrite, avant d'être redressée par le cavalier.

Pour faire comprendre et exécuter ces différents effets de jambes, l'instructeur se place en face du cheval, saisit les montants du bridon et aide à la flexion de la croupe, en faisant légèrement incliner la tête du côté opposé.

Pendant toute la durée de cette première leçon, il est nécessaire que l'instructeur questionne très-souvent le cavalier, afin de s'assurer que les explications qu'il lui a données ont été parfaitement comprises, ainsi que les observations qu'il a pu lui faire. On profitera des instants de repos pour faire acquérir aux cavaliers la connaissance parfaite des tableaux. (Voir après la 4e leçon.)

DEUXIÈME LEÇON.

PREMIÈRE PARTIE.

10 SÉANCES.
{
Sauter à cheval.
Moyens de conserver la position sur le cheval au pas, au trot et au galop.
Marcher au pas.
Passer les coins.
Ralentir l'allure.
Arrêter.
Marcher au trot.
Marcher au pas.
Changer de main dans la largeur du manége.
Marcher au galop.
Marcher au trot, au pas.
Sauter à terre.

DEUXIÈME PARTIE.

20 SÉANCES.
{
Position de la main gauche (main de la bride).
Ajuster les rênes de la bride.
Marcher au pas.
Ralentir l'allure.
Arrêter.
Changer de main.
Marcher au trot, au galop.
Sauter à terre.
Défiler.

On réunit, pour cette leçon, de douze à seize cavaliers : ils sont en veste d'écurie, bonnet de police et bottes sans éperons. On met à la tête de chaque reprise des cavaliers instruits, pour servir de conducteurs.

Les cavaliers sont exercés deux fois par jour. Chaque séance dure trois quarts-d'heure.

Les commandements doivent être prononcés d'un ton ferme et décidé, et dans l'intonation usitée pour le travail du manège civil.

Chaque semaine, deux séances d'une heure sont employées à confirmer les cavaliers dans l'étude des tableaux. (Voir après la quatrième leçon.)

PREMIÈRE PARTIE.

Pour cette première partie, les chevaux sont sellés et en bridon ; les étriers sont relevés.

On désigne autant que possible des chevaux sages et d'une allure douce.

En entrant dans le manège, les cavaliers se placent en file sur les grands cotés et à 1 mètre de distance les uns des autres, de manière à former deux reprises.

L'instructeur fait sauter à cheval, et répéter pendant quelques instants le travail de pied ferme, comme il est prescrit à la première leçon.

Pour prévenir les cavaliers qu'ils doivent prendre leur position et prêter leur attention, l'instructeur fait l'avertissement : *A vos rênes*. Pour faire reposer, il commande : *Repos*.

DÉTAIL.

MOYEN DE CONSERVER LA POSITION SUR LE CHEVAL,
AU PAS, AU TROT ET AU GALOP.

Le cavalier doit suivre les mouvements du cheval, sans s'occuper des moyens de conduite; il doit chercher à conserver sa position, sans employer la force, dont il ne faut user que lorsqu'un déplacement inattendu oblige d'y avoir recours.

Parties essentielles.

LES FESSES.

Relâcher les muscles des fesses, et mainte-

OBSERVATIONS
POUR L'INSTRUCTEUR.

Chaque partie du corps ayant été assouplie par le travail de pied ferme, le cavalier est en état de faire agir chacun de ses membres, sans que ce mouvement influe sur le reste du corps et dérange sa position. Il lui faut maintenant apprendre par quels moyens il réussira à combiner ensemble sa force et sa souplesse, de manière à ne rien perdre de ces deux avantages, lorsque son cheval sera en mouvement. C'est vers ce but que doivent être dirigés tous les efforts de l'instructeur. Celui-ci s'attachera donc, dans le courant de cette leçon, à bien faire comprendre au cavalier qu'il doit chercher sans relâche à acquérir la solidité et l'aisance, qualités essentielles qui, tout en contribuant à sa sûreté, lui donneront plus tard la facilité, non seulement d'exécuter avec précision les différents mouvements de conduite, mais encore, ce qui est aussi nécessaire, de se servir avec succès de toutes ses armes.

Pendant les premiers jours de la marche, il arrive souvent que le cavalier, sous l'impression de la surprise ou de la crainte, se laisse entraîner par l'impulsion que lui communiquent les mouvements du cheval et penche le corps en avant. Ce déplacement involontaire n'a rien d'inquiétant : il est occasionné par une raideur momentanée. Des flexions de reins très-souvent réitérées finiront par rendre à la colonne vertébrale toute sa souplesse. De fréquentes mobilisations de pieds, d'avant en arrière, rendront aussi aux jambes le moelleux et la force dont elles ont besoin pour se maintenir dans la flexion prescrite. L'instructeur aura l'attention de ne jamais rectifier en même temps les diverses parties du corps, auxquelles la marche aura fait contracter une mauvaise position. Il est très-important, surtout dans les premiers jours, de commencer par placer les parties les plus essentielles à l'assiette et de ne s'occuper des parties secondaires qu'autant que la base de position sera solidement établie.

Les données suivantes indiquent la progression à suivre en pareil cas.

Ces parties, n'étant pas contractées, donneront

nir celles-ci adhérentes à la selle, en les glissant sous soi à chaque temps d'allure.

LES CUISSES.

Conserver l'équilibre du corps sans avoir recours à la pression des cuisses, qui devront rester constamment immobiles, étendues et liées avec la selle, sans jamais participer aux mouvements des reins et des hanches.

LES GENOUX.

Maintenir les genoux fermés et, autant que possible, collés aux quartiers de la selle.

LES JAMBES.

Conserver aux jambes la souplesse et, en même temps, le soutien nécessaire pour les maintenir dans la flexion prescrite, de manière que la force qui les fait agir ne détruise pas celle qui les maintient en place.

LES PIEDS.

Laisser aux pieds une flexibilité qui leur permette de suivre exactement les mouvements des jambes.

LES REINS.

Donner aux reins un degré de soutien en rapport avec le plus ou moins de dureté de l'allure du cheval.

une base d'autant meilleure qu'elles s'élargiront davantage.

Les cuisses ne doivent avoir aucun mouvement qui leur soit propre; c'est au moyen des cuisses que le cavalier sentira les mouvements du cheval; cette relation non interrompue permettra à l'homme de prévoir avec certitude les volontés du cheval, et d'être toujours préparé à les combattre ou à les favoriser. L'angle que les cuisses doivent former avec le corps sera de 135 à 150 degrés au plus : s'il est plus ouvert, le cavalier sera sur l'enfourchure; s'il est plus fermé le cavalier sera *raccroché*. Dans chacune de ces positions, le centre de gravité du cavalier n'étant plus en rapport avec celui du cheval, l'équilibre sera rompu. Pour le rétablir et éviter la chute, que ce manque d'harmonie doit nécessairement amener, il faudra porter le corps en avant ou en arrière, et il résultera de ces déplacements continuels une contraction qui engendrera la raideur et fera perdre la solidité.

Il existe des conformations qui ne permettent pas à la partie interne des genoux de se maintenir collée à la selle. Malgré cette défectuosité, que l'on ne doit pas même essayer de corriger, si la cuisse est adhérente à la selle, si l'assiette est bien assurée et si l'on parvient à conserver les genoux fermés, les jambes garderont leur mobilité et leur souplesse, et agiront avec la force de pression convenable.

Les jambes aident à maintenir l'équilibre du corps, en lui servant de contre-poids et en multipliant les points de contact; la moindre raideur les porterait en avant et changerait la direction des cuisses.

La raideur des pieds ôte à tout le corps l'aisance et la souplesse, parce qu'elle se communique aux jambes et aux cuisses. Des mobilisations d'avant en arrière, souvent répétées, rendront le coude-pied plus flexible et détruiront les contractions passagères.

A toutes les allures, et surtout dans les commencements, il faut faire de fréquentes flexions de reins; car ce sont elles qui combattent, dès le principe, toute espèce de raideur, et finissent par donner au corps la souplesse nécessaire. Peu à peu, lorsque le cavalier sera parvenu à allier dans une juste proportion la force et la souplesse, les mouvements de reins, sans perdre de leur efficacité, s'apercevront à peine; l'assiette sera assurée, et l'homme aura acquis la position la plus favorable, c'est-à-dire que les reins ne seront ni courbés trop en avant, ni rejetés trop en arrière.

Les reins trop en avant forcent l'assiette à se porter sur le pubis, et entraînent les hanches et la ceinture en avant.

Les reins trop en arrière forcent l'assiette à se porter sur les coccygiens, et entraînent les hanches et la ceinture en arrière.

L'une ou l'autre de ces positions défectueuses compromet la solidité.

Parties secondaires.

LES BRAS.

Laisser les bras tomber sans force le long du corps, sans les y coller et sans avancer le coude ni le retirer. L'avant-bras et le bras doivent former entre eux un angle droit.

Les bras font l'effet d'un balancier; s'ils quittent la ligne verticale, ils entraînent le corps avec eux en avant ou en arrière.

L'angle droit est la position la plus favorable pour la conduite.

LA TÊTE.

Donner à la tête une direction droite, sans gêne et sans affectation.

La tête forme l'extrémité d'un levier dont les fesses sont le point d'appui ; si elle penchait en avant ou en arrière, à droite ou à gauche, elle entraînerait avec elle les parties qui l'avoisinent.

LE COU.

Mettre du soutien dans les muscles du cou.

En donnant un soutien modéré aux muscles du cou, on combat la propension qu'a, par sa lourdeur naturelle, la tête à s'incliner en avant.

LES ÉPAULES.

Conserver les épaules bien égales, sans que l'une soit plus basse que l'autre et sans les porter en avant ou en arrière. Elles devront être dans la direction de la poitrine, qui restera bien ouverte.

En portant les épaules en avant, on fait arrondir le dos et rentrer la poitrine; en les portant trop en arrière, on fait creuser les reins et on gêne l'action des bras. En laissant la poitrine ouverte, on facilite la juste répartition des parties supérieures sur la base.

Se lier au cheval par tous les points de contact qui peuvent naturellement s'en rapprocher.

En enveloppant son cheval à l'aide des cuisses et des jambes, le cavalier donnera aux fesses la facilité de rester en contact avec la selle, et sera plus à même de prévenir les déplacements, de les éviter et au besoin d'y résister.

MARCHER AU PAS.

Le cavalier marche à main droite quand il a le côté droit en dedans du manége ; il marche à main gauche quand c'est le côté gauche.

Les cavaliers étant de pied ferme, l'instructeur commande :

Préparez-vous pour marcher.—Marchez.

Appuyer les jambes également derrière les sangles, et l'impulsion étant donnée, diminuer imperceptiblement la tension des rênes sans porter les mains en avant.

PASSER LES COINS.

Au passage des coins, avancer la hanche et l'épaule du dehors, sans se pencher en dedans, afin de rester en rapport avec l'inclinaison du cheval.

Le corps du cheval, en décrivant l'arc de cercle pour passer le coin, s'incline d'autant plus vers le centre que l'allure est plus alongée. Pour rester en rapport de position et éviter les oscillations de l'assiette, le cavalier doit faire prendre à son corps un degré d'inclinaison qui le maintienne dans un état constant d'équilibre. De cette manière, il s'établit une relation parfaite entre son centre de gravité et celui du cheval, et tous deux tournent en même temps.

RALENTIR L'ALLURE.

Tirer également les deux rênes et prolonger cette action avec plus ou moins de force. Il arrive souvent que cet effet ne suffit pas; alors on doit faire agir alternativement et à plusieurs reprises, d'abord une rêne puis l'autre, sans les écarter de l'encolure. Cette action s'appelle *scier du bridon.*

ARRÊTER.

Les cavaliers étant au pas, l'instructeur commande :

Préparez-vous pour arrêter.— Arrêtez.

Faire une flexion de jambes, tirer également les deux rênes et prolonger un instant cette action, avec plus ou moins de force. Lorsque le cheval a obéi, replacer insensiblement les mains à la position prescrite.

MARCHER AU TROT.

L'instructeur commande :

Préparez-vous pour marcher au trot.— Marchez au trot.

Employer les mêmes principes que pour marcher au pas, en augmentant la pression des jambes. — Pour conserver sa position, le cavalier se conforme aux principes indiqués dans le travail au pas.

Avant de mettre les cavaliers en mouvement, l'instructeur leur donne les explications relatives à la marche au pas, au trot et au galop, au ralentissement de l'allure et à l'arrêt. Ces explications ont pour unique but de donner à l'homme la facilité de suivre les conducteurs, d'observer les distances prescrites, d'éviter les atteintes, et enfin de prévenir les accidents que pourrait amener son inexpérience. Pendant la marche au pas, au trot et au galop, les cavaliers doivent toujours conserver un mètre de distance de tête à croupe.

L'instructeur doit s'emparer, par des conseils donnés à propos, de l'attention du cavalier, et le forcer à veiller incessamment sur lui-même, à rectifier sa position, et à étudier avec soin chacun des mouvements qu'on lui fait exécuter. L'instructeur cherche également à se rendre compte du degré de capacité intellectuelle de chaque cavalier; cette connaissance est souvent plus utile aux progrès que celle de l'aptitude physique : car il n'y a pas de conformation avec laquelle on ne puisse monter à cheval, mais il est des organisations incomplètes qui ne permettent que des progrès fort lents, et qu'il faut aider en leur prêtant un continuel appui.

Il ne faut pas encore exiger, dans cette leçon, que les hommes conduisent régulièrement leurs chevaux, soit en ligne droite, soit dans les tournants; l'instructeur doit se contenter de surveiller les moyens dont le cavalier se sert pour assurer sa position, en marchant aux différentes allures. Dans les premières séances, on fera souvent arrêter et reposer, afin de donner aux cavaliers plus de confiance, et pour leur laisser la facilité de relâcher les muscles que la marche aurait pu raidir.

L'instructeur s'attache à faire comprendre au cavalier que, pour éviter les déplacements occasionnés par une impulsion plus vive, il doit bien s'asseoir, assurer l'aplomb du corps sur sa base, donner à la colonne vertébrale le soutien et la flexibilité nécessaires pour annuler les réactions et conserver l'adhérence des fesses avec la selle, en évitant la raideur des cuisses et des jambes, qui doivent toujours servir de contre-poids à la partie supérieure. Pour le passage du coin au trot, on se conforme à ce qui a été dit lors du travail au pas.

On fera souvent passer du pas au trot, et du trot au pas; les premières fois les temps de trot seront courts pour ne pas blesser les cavaliers, mais en augmentant peu à peu leur durée, on arrivera à faire parcourir trois ou quatre tours de manège au moins.

MARCHER AU PAS.

L'instructeur commande :

*Préparez-vous pour marcher au pas.—
Marchez au pas.*

Mêmes principes que pour arrêter, le cheval marchant au pas; continuer l'action des jambes, et cesser peu à peu celle des mains.

L'instructeur recommande aux cavaliers de s'habituer à faire une flexion de reins, toutes les fois qu'ils devront arrêter ou passer d'une allure à l'autre, afin d'annuler les réactions et de conserver l'équilibre en prévenant le déplacement.

CHANGER DE MAIN DANS LA LARGEUR DU MANÈGE.

L'instructeur commande :

*Préparez-vous pour changer de main dans
la largeur.—Changez de main.*

Les conducteurs traversent le manège dans sa largeur et sont suivis par tous les cavaliers; à quelques pas de la piste, ils tournent du côté opposé à celui où ils marchaient précédemment.

On doit habituer les cavaliers à conserver leur position, à l'une ou à l'autre main; mais on aura soin, cependant, de faire marcher longtemps de suite à la même main.

MARCHER AU GALOP.

Les cavaliers marchant au trot, l'instructeur commande :

*Préparez-vous pour marcher au galop.
— Marchez au galop.*

Employer les mêmes principes que pour passer au trot, en faisant sentir avec plus de force la pression des jambes.

On ne commencera le galop qu'après six séances de pas et de trot.

Il arrive généralement que, par la manière dont s'opère l'allure du galop, l'assiette se trouve projetée de dedans en dehors. Pour prévenir cette secousse inévitable et lui résister, le cavalier, surtout dans les commencements, doit peser davantage sur la fesse du dedans, sans que cette action oblige le corps à s'incliner du même côté.

Pendant toute la durée du galop, les jambes resteront placées dans la flexion prescrite, afin d'être toujours à portée d'accompagner et de soutenir la masse du cheval. Les genoux conserveront le degré d'énergie nécessaire pour ne pas quitter la selle à chaque temps de galop, ce qui entraînerait le déplacement des cuisses, et priverait le buste de son aplomb et de sa souplesse. Quand les cavaliers commenceront à prendre confiance, et auront acquis la solidité nécessaire, l'instructeur fera exécuter, pendant la marche au pas, au trot et au galop, les diverses flexions de jambes, mobilisations et rotations de cuisses, prescrites de pied ferme, car c'est en entretenant, par un constant exercice, l'élasticité et la souplesse, que le cavalier parviendra à se servir de chaque membre, de telle sorte que le mouvement ne se communique point, sans raison, aux parties voisines.

Pour les mobilisations du bras, on fera croiser les rênes alternativement dans la main droite et dans la main gauche.

MARCHER AU TROT.

Les cavaliers marchant au galop, l'instructeur commande :

Préparez-vous pour marcher au trot. — Marchez au trot.

Employer les mêmes principes que pour passer du trot au pas.

L'instructeur fera passer au pas, arrêter et sauter à terre.

DEUXIÈME PARTIE.

Pour cette deuxième partie, les chevaux sont bridés et les étriers relevés. — Les cavaliers sont placés comme il est prescrit à la première partie.

Avant de commencer le travail, l'instructeur s'assure que tous les chevaux sont bien bridés.

On n'aura point égard, pour cette deuxième partie, à la douceur de l'allure, lorsqu'on désignera les chevaux qui, néanmoins, ne devront offrir d'autre difficulté que celle qui pourrait résulter de la dureté du trot ou du galop.

L'instructeur fera sauter à cheval et répéter le travail de pied ferme, avant de détailler aux cavaliers la position de la main de la bride.

POSITION DE LA MAIN GAUCHE

(MAIN DE LA BRIDE).

Les rênes avec leur bouton coulant dans la main gauche, qui se place bien au milieu du corps, les doigts fermés, le petit doigt entre les deux rênes, et le pouce sur la seconde jointure du premier doigt, pour les contenir égales; le coude un peu détaché du corps, la main à 11 centimètres au dessus du pommeau de la selle, ou à 3 centimètres de la schabraque; les doigts à 16 centimètr. et en face du corps, le petit doigt un peu plus près du corps que le haut du poignet, la main droite placée à côté de la gauche, sans tenir le filet.

AJUSTER LES RÊNES.

Saisir les rênes, au-dessus de la main gauche, avec le pouce et le premier doigt de la main droite, élever la main jusqu'à hauteur du menton, le pouce en face du corps; entr'ouvrir les doigts de la main gauche, le pouce élevé pour égaliser les rênes, et les mettre sur leur plat. Les rênes étant ajustées, fermer les doigts de la main gauche, abattre les rênes sur le côté droit, et replacer la main droite à côté de la gauche.

En faisant mettre la main droite à côté de la gauche, on donne au cavalier l'habitude de se placer carrément, et d'avoir les épaules sur la même ligne.

MARCHER AU PAS.

Mêmes principes qu'en bridon.

Pour faire marcher, ralentir l'allure, arrêter, changer de main, marcher au trot et au galop, l'instructeur fera les commandements prescrits à la première partie.

RALENTIR L'ALLURE.

Mêmes principes qu'en bridon, excepté que le cavalier agissant avec une seule main, doit diminuer la tension des rênes, avant de commencer une nouvelle action : ce qui s'appelle *arrêter et rendre*.

Dans cette deuxième partie, l'instructeur s'attachera de plus en plus à faire acquérir au cavalier la solidité et la souplesse ; il ne perdra pas de vue que la bonne position est à l'emploi des forces motrices, ce que le point d'appui est au levier ; et que plus elle sera régulière et assurée, plus le cavalier parviendra à conduire son cheval avec aisance et facilité.

ARRÊTER.

Mêmes principes qu'en bridon, excepté que le cavalier, agissant avec une seule main, aura soin, en la rapprochant du corps, de tendre les deux rênes également.

CHANGER DE MAIN.

Mêmes principes qu'en bridon.

MARCHER AU TROT, AU GALOP.

Se conformer à ce qui est prescrit pour le travail en bridon.

MARCHER AU TROT, AU PAS.

Se conformer à ce qui est prescrit pour le travail en bridon.

Pour terminer le travail, l'instructeur fera arrêter sur les pistes, sauter à terre, déboucler la muserole, décrocher la gourmette, et défiler comme il est prescrit à la première leçon.

TROISIÈME LEÇON.

PREMIÈRE PARTIE.

<table>
<tr><td rowspan="17">5 Séances.</td><td>Effets du mors dans la bouche du cheval.</td></tr>
<tr><td>Flexions de la mâchoire, le cavalier à pied.</td></tr>
<tr><td>Effets de chaque rêne du filet.</td></tr>
<tr><td>Flexion latérale de la tête et de l'encolure avec le filet, le cavalier à pied.</td></tr>
<tr><td>Effets de chaque rêne de la bride.</td></tr>
<tr><td>Flexion latérale de la tête et de l'encolure avec la bride, le cavalier à pied.</td></tr>
<tr><td>Effets de chaque rêne du filet et de la bride.</td></tr>
<tr><td>Flexion latérale de la tête et de l'encolure, le cavalier à cheval.</td></tr>
<tr><td>Des aides.</td></tr>
<tr><td>Usage du filet.</td></tr>
<tr><td>Prendre le filet dans la main droite.</td></tr>
<tr><td>Lâcher le filet.</td></tr>
<tr><td>Rapports qui doivent exister entre les mains et les jambes du cavalier.</td></tr>
<tr><td>Opérations exécutées par la main de la bride.</td></tr>
<tr><td>Opérations exécutées par les jambes.</td></tr>
</table>

<table>
<tr><td rowspan="11">10 Séances.</td><td>Rassembler le cheval.</td></tr>
<tr><td>Marcher.</td></tr>
<tr><td>Passer les coins.</td></tr>
<tr><td>Arrêter.</td></tr>
<tr><td>Marcher au trot.</td></tr>
<tr><td>Marcher au pas.</td></tr>
<tr><td>Doubler successivement dans la largeur ou la longueur du manège.</td></tr>
<tr><td>Changer de main diagonalement.</td></tr>
<tr><td>Changer de main dans la largeur ou dans la longueur du manège.</td></tr>
<tr><td>Doubler individuellement.</td></tr>
<tr><td>Reculer.</td></tr>
</table>

<table>
<tr><td rowspan="13">15 Séances.</td><td>Rotation de la croupe autour des épaules.</td></tr>
<tr><td>Marche circulaire.</td></tr>
<tr><td>Changement de main sur le cercle.</td></tr>
<tr><td>Reprendre la marche directe.</td></tr>
<tr><td>Volte successive.</td></tr>
<tr><td>Demi-volte successive.</td></tr>
<tr><td>Volte et demi-volte individuelle.</td></tr>
<tr><td>Etant de pied ferme partir au trot.</td></tr>
<tr><td>Etant au trot arrêter.</td></tr>
<tr><td>Passer du trot au grand trot, et du grand trot au trot.</td></tr>
<tr><td>Effets diagonaux.</td></tr>
<tr><td>Demi-hanche, la tête au mur.</td></tr>
<tr><td>Changer de main diagonalement en tenant une demi-hanche.</td></tr>
</table>

20 SÉANCES.

- Partir au galop.
- Etant au galop marcher au pas.
- Etant de pied ferme partir au galop.
- Etant au galop arrêter.
- Marche circulaire au galop.
- Saut du fossé et de la barrière.
- Travail individuel.

DEUXIÈME PARTIE.

15 SÉANCES.

- Usage des étriers.
- Longueur des étrivières.
- Position du pied dans l'étrier.
- Travail de la première partie avec les étriers.
- Changement de pied du galop au galop.
- Changement de main en dedans du cercle au galop.
- Partir au galop sur le cercle.

5 SÉANCES.   De l'éperon.

On réunit pour cette leçon le même nombre de cavaliers que pour la deuxième.

On supprime les conducteurs, les cavaliers de la classe sont mis tour-à-tour en tête de reprise.

Les cavaliers sont exercés deux fois par jour, chaque séance dure trois quarts d'heure.

Si les circonstances forcent à donner cette leçon dehors, on apprend aux cavaliers à monter à cheval, à mettre pied à terre et à défiler, comme il est prescrit dans l'ordonnance, ainsi qu'à rompre par file à droite, à marcher à main droite ou à main gauche, à se reformer. Dans ce cas, on ne travaillera qu'une fois par jour, la durée de la leçon sera d'une heure et demie. Chaque semaine, deux séances d'une heure sont employées à l'étude des Tableaux.

PREMIÈRE PARTIE.

Pour cette première partie, les cavaliers sont en veste d'écurie, bonnet de police et bottes avec éperons. Les chevaux sont sellés et bridés; les étriers sont relevés.

En entrant dans le manège, les cavaliers se placent comme il est prescrit à la deuxième leçon.

DÉTAIL.	OBSERVATIONS
	POUR L'INSTRUCTEUR.

Effets du mors dans la bouche du cheval.

FLEXION DE LA MÂCHOIRE, LE CAVALIER A PIED.

Ind. : *Flexion de la mâchoire à droite (à gauche).*

Pour exécuter la flexion à droite, le cavalier se place près de l'épaule gauche du cheval, comme il a été prescrit à la première leçon, pour les flexions latérales de la tête et de l'encolure; il saisit la rêne droite de la bride avec la main droite, à 16 centimètres de la branche du mors, et la rêne gauche avec la main gauche.

Les flexions de la mâchoire ont pour but de faire comprendre au cavalier les effets du mors dans la bouche du cheval; elles lui font encore juger, par approximation, du degré de force qu'il devra employer pour agir avec la main de la bride.

Il approche alors la main droite du corps, en éloignant la gauche, de manière à contourner dans la bouche du cheval le mors, dont l'action doit être progressive et proportionnée à la résistance. Le cavalier doit avoir soin de ne pas débuter par un mouvement brusque qui étonnerait le cheval, le surprendrait et le porterait à se défendre.

Le cheval ayant obéi, cesser immédiatement la tension des rênes et lui faire reprendre sa première position.

La flexion à gauche s'exécute d'après les mêmes principes et par les moyens inverses.

Effets de chaque rêne du filet.

FLEXION LATÉRALE DE LA TÈTE
ET DE L'ENCOLURE AVEC LE FILET,
LE CAVALIER A PIED.

Le cavalier se conforme, en employant les rênes du filet, à ce qui a été prescrit à la première leçon, pour l'emploi du bridon.

Effets de chaque rêne de la bride.

FLEXION LATÉRALE DE LA TÊTE
ET DE L'ENCOLURE AVEC LA BRIDE,
LE CAVALIER A PIED.

Le cavalier exécute avec les rênes de la bride les mêmes flexions qu'avec celles du filet; et, tout en suivant les principes prescrits, il a l'attention d'agir avec plus de finesse et de légèreté, le mors de la bride ayant une action plus forte que celui du filet.

Ces flexions avec la bride ont pour but de bien faire comprendre au cavalier l'effet des rênes sur la bouche du cheval, et lui donnent la mesure de la force qu'il devra employer pour faire céder les parties soumises à l'action du mors.

L'instructeur fera sauter à cheval et répéter pendant quelques instants le travail de pied ferme, comme à la première leçon; il s'assurera que les cavaliers, en exécutant les flexions de jambes, évitent de faire sentir l'éperon.

Effets de chaque rêne du filet et de la bride.

FLEXION LATÉRALE
DE LA TÈTE ET DE L'ENCOLURE,
LE CAVALIER A CHEVAL.

Le cavalier se conforme à ce qui a été prescrit à la première leçon avec les rênes du bridon, en ayant égard aux observations relatives à l'action du mors.

On fera faire les flexions, d'abord avec le filet, ensuite avec la bride.

DES AIDES.

On entend par *aides*, la puissance d'action qui réside dans les mains, les jambes et l'éperon du cavalier.

Les mains gouvernent l'avant-main; leurs mouvements doivent commencer par le jeu du poignet sur l'avant-bras; ils peuvent s'étendre de l'avant-bras jusqu'à l'épaule, mais sans déranger le corps, qui restera constamment dans la position prescrite. L'action des mains doit toujours être proportionnée à la sensibilité des barres.

Les jambes déterminent les mouvements de l'arrière-main; elles doivent se fermer par degrés, sans à-coup, sans déplacer les cuisses et sans faire ouvrir ou remonter les genoux. L'action des jambes doit toujours être proportionnée à la sensibilité des flancs du cheval.

L'éperon agit après la jambe, et comme dernier moyen de sujétion.

USAGE DU FILET.

Le filet sert à combattre les résistances latérales de l'encolure, à faciliter l'inclinaison de la tête du côté vers lequel on veut tourner, et à les maintenir l'une et l'autre sur une ligne parfaitement droite. Ces effets doivent toujours être semblables à ceux du bridon, indépendants de l'action de la bride, et ne jamais se faire sentir en même temps qu'elle.

PRENDRE LE FILET DANS LA MAIN DROITE.

L'instructeur commande :

Prenez le filet dans la main droite.

Prendre le filet avec la main droite, les ongles en dessous, les rênes du filet par-dessus celles de la bride, la main droite soutenue au-dessus de la gauche. Avec le petit doigt on agit sur la rêne droite; avec le pouce et le premier doigt on agit sur la rêne gauche.

LACHER LE FILET.

L'instructeur commande :

Lâchez le filet.

Abandonner le filet et laisser tomber la main droite sur le côté et en arrière de la cuisse, ou la placer comme il est prescrit à la deuxième leçon.

RAPPORTS QUI DOIVENT EXISTER ENTRE LES MAINS ET LES JAMBES DU CAVALIER.

Les rênes étant ajustées à la longueur convenable, en plaçant la main de la bride dans la position prescrite, en la soutenant et en l'assurant bien au milieu du corps, le cavalier aura la facilité d'agir sur l'avant-main du cheval, et disposera cette partie à obéir à la moindre action du mors. Le cavalier aura la facilité d'agir sur l'arrière-main, et disposera cette partie à obéir à la moindre action des jambes, en plaçant celles-ci dans la flexion prescrite, et en les soutenant un peu. Le travail de la main, influant beaucoup sur celui des jambes, il faut qu'il existe un parfait accord dans l'action et dans les effets de ces deux aides.

OPÉRATIONS EXÉCUTÉES PAR LA MAIN DE LA BRIDE.

En rapprochant la main du corps, par degrés et avec une certaine force, on opère une tension égale des deux rênes; en prolongeant cette action sans augmenter sa puissance, on détermine l'a-vant-main à refluer sur l'arrière-main. — Cette opération s'appelle *former un demi-temps d'ar-rêt*; en répétant cette action plusieurs fois de suite, on agit par des *demi-temps d'arrêt*; en la prolongeant pendant un temps plus long, on dé-termine *un temps d'arrêt*. — En diminuant im-perceptiblement la tension des rênes, on donne à l'avant-main la facilité de reprendre sa position première; pour obtenir ce dernier résultat, le cavalier cesse de soutenir la main, et la baisse insensiblement sans porter le coude en avant. — En portant la main en arrière à droite, avec une certaine force, et en la soutenant de ce côté, on détermine la tête, l'encolure et les épaules à s'in-cliner à droite. — En portant la main en arrière à gauche, avec une certaine force, et en la sou-tenant de ce côté, on détermine la tête, l'encolure et les épaules à s'incliner à gauche.

OPÉRATIONS EXÉCUTÉES PAR LES JAMBES.

En fermant les jambes en arrière des sangles avec une certaine force, on opère une pression égale sur les flancs du cheval; en prolongeant un instant cette action, sans augmenter sa puissance, on détermine l'arrière-main à se porter sur l'avant-main.—En relâchant imperceptiblement les jambes, on donne à l'arrière-main la facilité de reprendre sa position première.—En fermant une seule jambe, on détermine la croupe à céder à la pression de cette jambe; pendant cette opé-ration, la jambe opposée, modérant l'effet de celle qui agit, reçoit le déplacement de la croupe.

RASSEMBLER LE CHEVAL.

Pour rassembler son cheval, lui faire sentir les aides avec une force suffisante pour le mettre en équilibre et le disposer à obéir.

Le rassemblé a pour but de réunir vers le centre les forces de l'avant et de l'arrière-main, de manière que ces deux parties, continuellement en équilibre, soient toujours à la disposition du cavalier. Pour obtenir ce résultat, il faut agir par une opposition ménagée et graduée de la main et des jambes, que l'on maintient en rap-port d'action.

Le rassemblé devra toujours précéder l'exé-cution du mouvement indiqué, et bien que cette prescription ne soit point mise en tête de chaque explication, l'instructeur aura le soin de la rap-peler de temps à autre aux cavaliers.

MARCHER.

L'instructeur commande :

Préparez-vous pour marcher.—Marchez.

Fermer légèrement les jambes pour donner l'impulsion : cette impulsion une fois donnée, diminuer imperceptiblement la tension des rênes.

Pendant la marche, le cavalier ne cessera pas de sentir son cheval, de rester lié à tous ses mou-vements, et de le maintenir dans une position sans cependant rendre la main, et conserver toujours le cheval rassemblé.

Les cavaliers suivent les conducteurs et se trouvent alors marcher à main droite.

toujours en rapport avec l'action qu'il va lui demander; si l'équilibre entre les aides est détruit, si par exemple l'action des mains se fait trop sentir, le cheval ralentit, arrête ou recule; si les jambes agissent avec trop d'énergie, l'arrière-main se porte sur l'avant-main, la marche est incertaine ou l'allure trop alongée. Si au contraire, les aides sont bien en rapport, le centre de gravité du cheval est placé comme il doit l'être, et toutes ses forces sont à la disposition du cavalier.

L'instructeur fera prendre un mètre de distance de tête à croupe.

PASSER LES COINS.

En approchant du coin, former un demi-temps d'arrêt et soutenir de la jambe du dehors. Pour passer le coin, porter la main à droite, en fermant légèrement la jambe de ce côté pour contenir le corps du cheval et entretenir l'action; continuer l'effet de la jambe opposée pour maintenir les hanches et les empêcher de fuir.

Pour passer le coin à gauche, employer les mêmes principes et les moyens inverses.

L'instructeur veillera à ce que les cavaliers marquent bien le demi-temps d'arrêt, sans lequel le cheval, mal préparé, perdrait l'équilibre et ne serait plus dans les conditions nécessaires pour bien exécuter le mouvement.

ARRÊTER.

L'instructeur commande :

Préparez-vous pour arrêter. — Arrêtez.

Fermer les jambes, marquer un temps d'arrêt avec la main de la bride, et prolonger cette action plus ou moins longtemps, avec une force proportionnée à la sensibilité du cheval.

Afin d'arrêter sans brusquerie, on doit d'abord opposer les jambes à la main, pour faire céder l'encolure avant le corps, pour ramener les extrémités postérieures près du centre de gravité, enfin pour obtenir la flexion des hanches avant celle des jarrets, dont on prévient ainsi la tension forcée.

MARCHER AU TROT.

L'instructeur commande :

Préparez-vous pour marcher au trot. —
Marchez au trot.

Employer les mêmes principes que pour marcher au pas, en augmentant la pression des jambes.

L'instructeur veille à ce que les cavaliers entament cette allure très-modérément et que tout en augmentant peu à peu de vitesse, l'effort que fait le cheval ne détruise pas son équilibre et ne l'empêche pas d'obéir aux sollicitations des aides aussi complètement que s'il était au pas.

MARCHER AU PAS.

L'instructeur commande :

Préparez-vous pour marcher au pas. —
Marchez au pas.

Employer les mêmes principes que pour arrêter, le cheval marchant au pas, mais en continuant l'action des jambes, sans cesser celle de la main.

DOUBLER SUCCESSIVEMENT DANS LA LARGEUR (OU LONGUEUR).

Les cavaliers marchant au pas à main droite, l'instructeur commande :

Préparez-vous pour doubler successive-
ment dans la largeur (ou longueur). —
Doublez successivement dans la largeur
(ou longueur).

Le conducteur de chaque reprise exécute un
à-droite, en se conformant aux principes indiqués pour le passage du coin, traverse le manège dans sa largeur (ou dans sa longueur), se
dirige vers l'autre piste en conservant son cheval
bien droit des épaules et des hanches; en y arrivant il exécute un deuxième à-droite et suit la
piste.

Chaque cavalier exécute successivement le
même mouvement, en venant tourner sur le même
point que le conducteur, et en conservant la distance prescrite.

CHANGER DE MAIN DIAGONALEMENT.

Les cavaliers marchant au pas à main droite,
l'instructeur commande :

Préparez - vous pour changer de main
diagonalement.—Changez de main.

Le conducteur de chaque reprise exécute un
demi-à-droite en se conformant aux principes
indiqués pour le passage du coin, traverse le
manège diagonalement, se dirige vers l'autre
piste, en conservant son cheval bien droit des
épaules et des hanches; en y arrivant, il se redresse par un demi-à-gauche et suit la nouvelle
piste. Chaque cavalier exécute successivement le
même mouvement, en venant tourner sur le même
point que le conducteur, et en conservant la
distance prescrite.

Pour changer de main diagonalement à main
gauche, employer les mêmes principes et les
moyens inverses.

CHANGER DE MAIN DANS LA LARGEUR
(OU DANS LA LONGUEUR).

Les cavaliers marchant au pas à main droite,
l'instructeur commande :

Préparez - vous pour changer de main
dans la largeur (ou dans la longueur).
— Changez de main.

Le conducteur de chaque reprise exécute un
à-droite, se conformant aux principes indiqués
pour le passage du coin, traverse le manège dans
sa largeur (ou dans sa longueur), se dirige vers
l'autre piste, en conservant son cheval bien droit
des épaules et des hanches; en y arrivant, il se
redresse par un à-gauche, et suit la nouvelle
piste. Chaque cavalier exécute successivement le
même mouvement, en venant tourner sur le même
point que le conducteur et en conservant la distance prescrite.

Pour changer de main dans la largeur (ou dans
la longueur), à main gauche, employer les mêmes
principes et les moyens inverses.

Le doublé successif s'exécutant régulièrement
au pas, on le fera répéter au trot.

Chacun de ces changements s'exécutant régulièrement au pas, on le fera répéter au trot.

DOUBLER INDIVIDUELLEMENT.

Les cavaliers marchant au pas à main droite, l'instructeur commande :

Préparez-vous pour doubler individuelle-
ment. — Doublez individuellement.

Chaque cavalier exécute un à-droite, traverse le manège dans sa largeur, en conservant son intervalle du côté du conducteur de la reprise, afin d'avoir le terrain nécessaire pour se mettre en file sur la piste opposée, en exécutant le même mouvement.

Après le second doublé, la reprise marche dans l'ordre renversé; elle revient dans l'ordre naturel en répétant le même mouvement.

L'instructeur commande ce mouvement lorsque les cavaliers sont en file sur les grands côtés.

Le doublé individuel s'exécutant bien au pas, on le fera répéter au trot; lorsqu'il s'exécutera régulièrement à ces deux allures, l'instructeur pourra, après avoir commandé le premier doublé, faire changer de main, en prévenant d'avance les cavaliers de ce qu'ils ont à faire en arrivant à la piste opposée.

RECULER.

Les cavaliers étant arrêtés, l'instructeur commande :

Préparez-vous pour reculer. — Reculez.

S'assurer si les hanches sont sur la même ligne que les épaules, fermer légèrement les jambes et rapprocher progressivement la main du corps. Dès que le cheval obéit, rendre la main, relâcher les jambes et continuer les mêmes mouvements en renouvelant les mêmes actions à chaque pas.

Si la croupe se jette à droite ou à gauche, la ramener à l'aide de la jambe droite ou gauche, en employant au besoin la rêne du filet du même côté.

Afin de reculer sans précipitation et sans que le cheval s'accule, il faut que l'effet des jambes précède celui de la main, alors l'action que les jambes communiquent à l'arrière-main donne à une des deux extrémités postérieures la facilité de quitter le sol ; puis, l'action immédiate de la main, forçant le cheval à reprendre son équilibre en arrière, l'oblige à reculer. — Au contraire, l'action de la main précédant celle des jambes, et se communiquant d'abord à l'encolure, force le cheval à la résistance et l'oblige à revenir sur lui-même, avant d'enlever une de ses jambes de derrière; celles-ci également surchargées, perdent leur mobilité; le cavalier emploie alors une force considérable et qui, néanmoins, reste souvent insuffisante.

Après quelques pas, l'instructeur fait arrêter par les commandements prescrits.

Pour arrêter, augmenter l'action des jambes et diminuer l'effet de la main.

ROTATION DE LA CROUPE AUTOUR
DES ÉPAULES.

Les cavaliers étant arrêtés sur la piste, l'instructeur commande :

Préparez-vous pour la rotation de la
croupe à droite. — Rotation de la
croupe.

Appuyer la jambe gauche en arrière des sangles, soutenir en même temps la main de la bride légèrement à gauche; aussitôt que les hanches cèdent à la pression, sentir immédiatement la rêne droite du filet, réitérer plusieurs fois la pression de la jambe gauche et tenir la jambe droite près.

Le cheval ayant fait face en arrière, cesser insensiblement l'effet des mains et des jambes.

La pression de la jambe gauche et la main soutenue de ce côté, déterminent la rotation.— La rêne droite du filet maintient les épaules du cheval en place ; la jambe droite régularise les effets de la jambe gauche et empêche tout mouvement rétrograde.

Pour s'assurer si les moyens indiqués sont bien compris, l'instructeur fait exécuter la rotation de la croupe par chaque cavalier indivi-

La rotation de la croupe à gauche s'exécute suivant les mêmes principes et par les moyens inverses.

MARCHE CIRCULAIRE.

Les cavaliers marchant sur la piste à main droite, l'instructeur commande :

Préparez-vous pour prendre le cercle à droite. — En cercle à droite.

Le conducteur de chaque reprise décrit un cercle entre les deux pistes, en employant les principes prescrits pour le passage du coin; il a soin de combiner les moyens d'action, de manière à maintenir le cheval sur la ligne circulaire et dans l'inclinaison relative à l'étendue du cercle qu'il doit parcourir.

Ce mouvement est exécuté par tous les cavaliers qui suivent les conducteurs et marchent dans la même direction.

Dans la marche circulaire, surtout à une allure vive et sur un cercle étroit, les cavaliers doivent conserver exactement le même degré d'inclinaison que leurs chevaux, et se maintenir dans la direction suivie, sans laisser en arrière l'épaule ou la hanche du dehors.

CHANGEMENT DE MAIN SUR LE CERCLE.

Les cavaliers marchant en cercle à droite, l'instructeur commande :

Préparez - vous pour changer de main dans l'intérieur du cercle. — Changez de main.

Ce changement de main sur le cercle s'exécute d'après les principes du changement de main dans la largeur, en ayant l'attention de redresser le cheval après le premier à-droite, avant de le placer dans l'inclinaison opposée.

REPRENDRE LA MARCHE DIRECTE.

Les cavaliers ayant exécuté un deuxième changement de main et marchant en cercle à droite, l'instructeur commande :

Préparez-vous pour marcher large. — Marchez large.

Le conducteur de chaque reprise redresse son cheval et le dirige obliquement vers la piste; il est suivi par tous les cavaliers qui exécutent successivement le même mouvement.

Le travail en cercle, à gauche, s'exécute suivant les mêmes principes et par les moyens inverses.

duellement et ensuite par les deux reprises à la fois. Lorsque ce mouvement s'exécute régulièrement, les cavaliers étant arrêtés, on le fait répéter, la reprise marchant au pas et ensuite au trot, en observant qu'à ces allures, les cavaliers doivent arrêter avant de commencer le mouvement.

Dans ces différents mouvements, l'instructeur doit toujours désigner celui des deux conducteurs qui se réglera sur l'autre.

La marche circulaire et les changements de main sur le cercle s'exécutant bien au pas, on les fait répéter au trot.

On pourra également faire exécuter les changements de main en-dehors du cercle.

VOLTE SUCCESSIVE.

Les cavaliers marchant sur la piste à main droite, l'instructeur commande :

Préparez-vous pour la volte successive. — Volte successive.

Le conducteur de chaque reprise se détache de la piste pour décrire à droite un cercle qu'il termine au point où il l'a commencé.

Ce mouvement est exécuté successivement par tous les cavaliers qui suivent les conducteurs, et marchent exactement dans la même direction.

DEMI-VOLTE SUCCESSIVE.

Les cavaliers marchant sur la piste à main droite, l'instructeur commande :

Préparez-vous pour la demi-volte successive. — Demi-volte successive.

Le conducteur de chaque reprise se conforme aux principes prescrits pour la volte, en observant de redresser son cheval et de rejoindre la piste par une ligne diagonale pour marcher à l'autre main.

Ce mouvement est exécuté par tous les cavaliers successivement.

VOLTE INDIVIDUELLE.

Les cavaliers marchant sur la piste à main droite, l'instructeur commande :

Préparez-vous pour la volte individuelle. — Volte individuelle.

Chaque cavalier se détache de la piste en même temps, pour décrire un cercle à droite, sans dépasser le milieu du manège, et le termine au point où il l'a commencé.

DEMI-VOLTE INDIVIDUELLE.

Les cavaliers marchant sur la piste à main droite, l'instructeur commande :

Préparez-vous pour la demi-volte individuelle.—Demi-volte individuelle.

Chaque cavalier se conforme aux principes prescrits pour la volte, en observant de redresser son cheval et de reprendre la piste par une ligne diagonale pour marcher à l'autre main.

Les voltes et demi-voltes successives et individuelles s'exécutent à main gauche, suivant les mêmes principes et par les moyens inverses.

ÉTANT DE PIED FERME PARTIR AU TROT.

Les cavaliers étant arrêtés sur la piste à main droite, l'instructeur commande ;

Préparez-vous pour partir au trot. — Partez au trot.

Se conformer à ce qui est prescrit pour passer du pas au trot, en augmentant l'effet des jambes.

ÉTANT AU TROT ARRÊTER.

Les cavaliers marchant au trot à main droite, l'instructeur commande :

Préparez-vous pour arrêter. — Arrêtez.

Fermer les jambes, afin de ramener les extrémités postérieures du cheval sous le milieu du corps ; agir ensuite promptement avec la main pour fixer les extrémités dans cette position et arrêter immédiatement l'élan.

Si l'on fait d'abord sentir la main, les jarrets restent trop en arrière et éloignés de la ligne d'aplomb : la réaction occasionnée par l'arrêt est violente pour le cavalier, et pénible pour le cheval, qui résiste difficilement à de semblables secousses.

PASSER DU TROT AU GRAND TROT.

Les cavaliers marchant au trot sur la piste à main droite, l'instructeur commande :

*Préparez-vous pour alonger l'allure.—
Alongez l'allure.*

Diminuer insensiblement l'action de la main en augmentant progressivement la pression des jambes, jusqu'au moment où l'allure est arrivée à un degré convenable ; assurer alors légèrement la main pour contenir les épaules, et, par des pressions de jambes modérées, maintenir la régularité de l'allure et empêcher le ralentissement.

PASSER DU GRAND TROT AU TROT.

L'instructeur commande :

*Préparez-vous pour ralentir l'allure. —
Ralentissez l'allure.*

Diminuer insensiblement la pression des jambes, et augmenter progressivement l'action de la main, jusqu'à ce que l'allure soit réduite au trot ordinaire.

EFFETS DIAGONAUX.

Les cavaliers marchant au pas à main droite, l'instructeur commande :

*Préparez-vous pour l'effet diagonal à
droite. — Effet diagonal.*

Placer le nez du cheval un peu en dedans, en tendant légèrement la rêne droite du filet, fermer la jambe gauche en arrière pour ranger les hanches en dedans, la jambe droite près pour maintenir le milieu du corps sur la piste.

Les effets diagonaux s'exécutent à main gauche suivant les mêmes principes et par les moyens inverses.

Les effets diagonaux ont pour but de soumettre le cheval à deux forces opposées et en ligne diagonale, et de préparer le cavalier à tenir les demi-hanches. Quand ces effets s'exécutent régulièrement sur les grands côtés, on les fait répéter sur la ligne du milieu, puis sur la ligne circulaire, d'abord au pas et ensuite au trot.

DEMI-HANCHE LA TÊTE AU MUR.

Les cavaliers marchant au pas sur la piste à main droite, l'instructeur commande :

*Préparez-vous pour tenir une demi-han-
che, la tête au mur. — Demi-hanche
la tête au mur.*

Soutenir la main de la bride un peu en dehors, fermer en même temps la jambe gauche pour faire suivre les hanches à droite; la jambe droite

La position de la tête sert à régler le mouvement des épaules : les jambes du cavalier agissent pour conserver l'équilibre du cheval et entretenir

près pour les recevoir et les contenir : lorsque le cheval a obéi, sentir légèrement la rêne droite du filet et le maintenir obliquement à la piste, en continuant l'effet de la jambe gauche et en ayant toujours la jambe droite près.

MARCHER LARGE.

L'instructeur commande :

Préparez-vous pour marcher large. — Marchez large.

Cesser l'effet de la main, relâcher la jambe du dehors, et fermer celle du dedans pour suivre la piste.

CHANGER DE MAIN DIAGONALEMENT EN TENANT UNE DEMI-HANCHE.

Les cavaliers marchant au pas sur la piste à main droite, l'instructeur commande :

Préparez-vous pour changer de main diagonalement en tenant une demi-hanche. — Changez de main diagonalement.

Employer les principes prescrits pour tenir une demi-hanche la tête au mur; traverser diagonalement le manège en plaçant le cheval de manière que ses épaules et ses hanches soient sur une ligne presque parallèle aux grands côtés. En arrivant à la piste, marcher à la nouvelle main, en cessant de faire agir les aides qui poussaient le cheval de gauche à droite.

PARTIR AU GALOP.

Les cavaliers marchant au pas sur la piste à main droite, l'instructeur commande :

Préparez-vous pour partir au galop. — Partez au galop.

Le cheval étant parfaitement rassemblé, porter la main légèrement à gauche et fermer la jambe gauche en arrière en soutenant de la jambe droite; le cheval ayant pris le galop, sentir immédiatement la rêne droite du filet. Pour passer le coin, se conformer à ce qui a été prescrit pour le trot,

---

l'harmonie et la régularité d'action dans l'avant-main et l'arrière-main.—Ainsi, la jambe gauche pousse la masse à droite, la jambe droite modère l'action de la jambe gauche, maintient le cheval dans la main, l'empêche de reculer ou le porte en avant, et enfin régularise le passage d'une jambe sur l'autre. Pour s'assurer si les cavaliers ont bien compris les moyens indiqués, l'instructeur fera prendre une demi-hanche à chaque cavalier individuellement. Le mouvement sera ensuite exécuté par tous les cavaliers à la fois, d'abord au pas, et plus tard au trot.

Tous les mouvements par des pas de côté s'exécutent en prenant d'abord une demi-hanche. A mesure que les cavaliers acquièrent plus d'habitude, on arrive insensiblement à leur faire tenir les hanches entières. Il faut leur recommander de régler l'action des aides sur le degré d'obliquité qu'ils veulent obtenir pour obéir au commandement de l'instructeur. L'instructeur commande, suivant le cas: *préparez-vous pour tenir une demi-hanche,* ou *préparez-vous pour tenir les hanches.*

Lorsque ce mouvement s'exécutera au pas avec régularité, on le fera répéter au trot.

En portant la main à gauche, on fait refluer le poids sur le côté gauche, et on allège le côté droit. — En soutenant de la jambe droite, on empêche le cheval de se traverser, et on lui donne la facilité de s'enlever. — En sentant immédiatement la rêne droite, on détermine la

en ayant soin de ne point forcer l'inclinaison du cheval, et d'avoir toujours la jambe du dehors placée plus en arrière que celle du dedans.

Le départ au galop sur le pied gauche s'exécute suivant les mêmes principes et par les moyens inverses.

ETANT AU GALOP MARCHER AU PAS.

L'instructeur commande :

Préparez-vous pour marcher au pas. —
Marchez au pas.

Employer les mêmes principes que pour passer du trot au pas.

ETANT DE PIED FERME PARTIR AU GALOP.

Les cavaliers étant de pied ferme et sur les grands côtés, l'instructeur commande :

Préparez-vous pour partir au galop. —
Partez au galop.

Employer les mêmes principes que pour passer du pas au galop, mais en donnant un peu plus d'énergie à l'action des jambes.

ETANT AU GALOP ARRÊTER.

Mêmes principes que pour arrêter étant au trot.

tête du cheval à s'incliner légèrement en dedans du manège, et on régularise sa position.

L'instructeur rappellera aux cavaliers : que le rassemblé doit, avant tout, préparer le cheval et lui donner la position la plus favorable au départ ; que, s'il n'est pas rassemblé, les effets de main et de jambe qui déterminent le départ sur tel ou tel pied ne peuvent avoir de résultat assuré. — Après le départ au galop, la main de la bride doit rester fixée à la même place pendant quelques instants, afin de régulariser les mouvements de l'arrière-main, à laquelle la pression des jambes tend à donner une impulsion trop vive. Ce n'est qu'après les premiers temps de galop, que l'instructeur recommande aux cavaliers d'avoir la main légère, sans cependant la porter en avant. Il faut encore exiger que les jambes conservent l'énergie nécessaire pour entretenir l'impulsion et empêcher le cheval de passer au trot.

Pour habituer les cavaliers à faire partir leurs chevaux juste, l'instructeur les formera à l'extrémité du manége, parallèlement aux petits côtés, et fera exécuter ce travail par chacun d'eux séparément. Le cheval étant parti sur le bon pied et ayant fait quatre ou cinq temps de galop, le cavalier le fera passer au pas ; et, après l'avoir de nouveau rassemblé, il le fera repartir. Cet exercice, répété plusieurs fois, habituera les cavaliers à entamer régulièrement l'allure du galop. L'instructeur fera ensuite galoper les deux reprises à la fois.

MARCHE CIRCULAIRE AU GALOP.

Les cavaliers marchant au galop sur la piste à main droite, l'instructeur commande :

Préparez-vous pour prendre le cercle à droite. — En cercle à droite.

Le conducteur de chaque reprise détermine son cheval sur la ligne circulaire en portant la main à droite, la jambe gauche très en arrière, la jambe droite près, et d'accord avec la main, pour maintenir son cheval plus ou moins incliné, suivant la ligne circulaire qu'il doit parcourir.

Ce mouvement est exécuté successivement par tous les cavaliers qui suivent exactement les conducteurs.

Pour reprendre la ligne droite, mêmes commandements et mêmes principes que dans le travail en cercle au pas ou au trot.

Le travail en cercle à gauche s'exécute suivant les mêmes principes et par les moyens inverses.

SAUT DU FOSSÉ ET DE LA BARRIÈRE.

Conduire sans hésitation le cheval au pas sur l'obstacle, la main et les jambes étant dans leur position habituelle ; si le cheval se présente franchement, le faire partir au galop à deux ou trois mètres du fossé (ou de la barrière) ; en y arrivant, fermer énergiquement les jambes, pour lui faire franchir l'obstacle. Dès que le cheval s'enlève, cesser l'effet de la main et la replacer lorsque le devant pose à terre, pour le soutenir : continuer de marcher quelques instants à l'allure du galop et passer ensuite au pas, pour aller se former à cinquante mètres au-delà de l'obstacle.

Avant de sauter, le cavalier doit soutenir le corps avec énergie, pour ne point devancer le mouvement du cheval : au moment du saut, il doit avoir les reins assez flexibles, pour que les fesses ne quittent pas la selle ; afin d'annuler les réactions violentes, au moment où le cheval saute et pose à terre, il doit fixer les cuisses et les jambes avec assez de force et de puissance, pour éviter toute espèce de déplacement.

TRAVAIL INDIVIDUEL.

Quand les cavaliers seront bien maîtres de leurs chevaux, dans le travail sur la ligne droite et en cercle, l'instructeur fera exécuter des doublés individuels par deux et par quatre dans la longueur et dans la largeur, enfin des voltes individuelles.

Pour exercer les cavaliers au saut du fossé ou de la barrière, on les placera en file et on leur fera prendre quatre mètres de distance de tête à croupe.

Les premières fois, pour ne pas surprendre les chevaux, on les fera passer sur la barrière posée à terre.

L'instructeur doit veiller à ce que les cavaliers ne s'attachent pas aux rênes avant et après le saut, ne se laissent pas entraîner à un galop trop précipité, et enfin à ce qu'ils maintiennent leurs chevaux bien droits dans la direction de l'obstacle.—Si un cheval s'arrête, hésite ou se dérobe, le cavalier ira se replacer à la queue de la reprise, pour ne pas gêner ceux qui suivent et ne pas exciter leurs chevaux à se défendre.

Le fossé aura d'abord un mètre de largeur, et la barrière 33 centimètres de hauteur : on augmentera progressivement ces dimensions, à mesure que les cavaliers s'habitueront à sauter.

On commencera par le saut du fossé, parce que c'est l'obstacle le plus aisé à franchir.

On terminera cette leçon en laissant exécuter aux cavaliers à leur volonté et individuellement les différents mouvements qui la composent.

DEUXIÈME PARTIE.

Pour cette deuxième partie, les cavaliers sont en veste d'écurie et bonnet de police; les chevaux sont sellés et bridés.

USAGE DES ÉTRIERS.

Le but des étriers n'est pas de donner un point d'appui au corps, mais bien de prévenir la fatigue des jambes; ils doivent être pour le cavalier une espèce de balance, qui l'avertisse du déplacement de son corps et de la raideur de quelques parties.

LONGUEUR DES ÉTRIVIÈRES; MANIÈRE D'AJUSTER LES ÉTRIERS.

La longueur des étrivières varie en raison de la circonférence du cheval. Cette longueur doit être telle, que la position des jambes soit parfaitement régulière.—Pour ajuster les étrivières, il faut donc placer les jambes dans la position prescrite, et relever ensuite la pointe des pieds; la grille de l'étrier doit alors se trouver à hauteur des talons du cavalier; de cette manière, l'étrier recevra les pieds, sans que ceux-ci se raidissent pour l'atteindre.

Les étrivières trop courtes font ouvrir et remonter les genoux, font perdre aux jambes leur action comme contre-poids, et détruisent l'équilibre. — Si les étrivières sont trop longues, le cavalier ne peut sentir l'étrier qu'en alongeant forcément les jambes et en baissant la pointe des pieds; alors les talons s'élèvent, les jambes se raidissent, et le corps, dirigé en avant, porte sur l'enfourchure et perd son aplomb.

POSITION DU PIED DANS L'ÉTRIER.

L'étrier ne doit porter que le poids de la jambe; le pied doit être chaussé jusqu'au tiers, le talon plus bas que la pointe du pied, les jambes conservant la position prescrite.

Cette position du pied dans l'étrier s'obtiendra si les jambes tombent sans raideur.

En ne chaussant pas les étriers assez avant, le cavalier est exposé à les perdre, surtout aux allures vives. — En les chaussant trop, les jambes se porteront en avant, les cuisses perdront leur stabilité.

L'instructeur fera exécuter les flexions de reins, les rotations de cuisses et les flexions de jambes, avec les étriers ajustés au point convenable et en veillant à ce que les cavaliers les conservent pendant ces divers mouvements. — Quelques séances seront employées à cette instruction, que l'on entrecoupera de marches sur la piste, exécutées d'abord au pas et ensuite au trot.

TRAVAIL DE LA PREMIÈRE PARTIE AVEC LES ÉTRIERS.

Lorsque les cavaliers auront acquis l'adresse nécessaire pour conserver les étriers, et que leur position ne se ressentira plus du manque d'habitude, on fera recommencer tout le travail de la première partie de cette leçon, en suivant la progression.

CHANGEMENT DE PIED DU GALOP AU GALOP.

Le cheval galopant à main droite, pour lui faire changer de pied, fermer la jambe droite et porter la main à droite afin de déplacer les forces, de les transporter de droite à gauche et d'alléger le côté gauche.

Pour habituer les cavaliers au changement de pied, on commence un changement de direction diagonal, et lorsque le cheval est près d'arriver au mur, on le fait passer au pas et rentrer sur la piste à main gauche; puis on provoque, après un ou deux pas, le départ au galop sur le pied gauche. Lorsque le cavalier sera suffisamment maître de ses aides, on fera répéter cet exercice, le cheval étant au galop, sans le faire passer au pas. On fera exécuter ce travail par chaque cavalier séparément; quand les cavaliers exécuteront individuellement le changement de pied avec régularité, que les chevaux seront calmes, et qu'il n'y aura plus aucune augmentation dans la vitesse de l'allure, on fera répéter le changement de direction diagonal au galop par les deux reprises à la fois.

CHANGEMENT DE MAIN EN DEDANS DU CERCLE EN MARCHANT AU GALOP.

Les cavaliers étant en cercle à droite et au galop, l'instructeur commande :

Préparez-vous pour changer de main en dedans du cercle. — Changez de main.

Le changement de main au galop sur le cercle s'exécute suivant les principes indiqués, le changement de pied devant s'effectuer au milieu du cercle, par les moyens employés dans le travail sur la ligne droite.

Pour quitter le cercle et regagner la piste, on se sert des principes prescrits pour le prendre, mais on emploie les moyens inverses.

L'instructeur recommande aux cavaliers de ne pas jeter brusquement le cheval de droite à gauche ou de gauche à droite, en forçant l'inclinaison, mais de le faire passer par la ligne droite sur laquelle il ne fera son changement de pied, qu'après avoir été replacé dans la position favorable, c'est-à-dire après que le cavalier l'aura forcé à changer la combinaison des extrémités.

On pourra également faire exécuter le changement de main en dehors du cercle.

PARTIR AU GALOP SUR LE CERCLE.

Pour ce mouvement, les cavaliers doivent combiner l'action des aides, de manière à maintenir le cheval sur la ligne circulaire.

L'instructeur emploiera les commandements indiqués pour le départ sur la ligne droite. Il en sera de même pour faire passer du galop au pas.

DE L'ÉPERON.

L'éperon peut être employé : 1° comme aide, pour augmenter la puissance des jambes;

2° comme correction.

Dans le premier cas, on ne doit s'en servir qu'après avoir employé sans résultat la pression des jambes, et leur avoir donné peu à peu tout le degré d'action qu'elles peuvent avoir.

Dans le second cas, on ne doit en user qu'à propos et avec mesure, lorsque tous les moyens de douceur sont devenus insuffisants.

Dans l'un ou l'autre cas, leur effet doit toujours être proportionné à la sensibilité et à l'énergie du cheval.

L'éperon est d'un grand secours pour le travail individuel; on doit surtout l'employer pour les chevaux mous et apathiques. — On ne doit jamais s'en servir dans le travail d'ensemble, car son emploi pourrait causer du désordre dans le rang et nuire à l'exécution des mouvements.

MANIÈRE D'APPLIQUER L'ÉPERON.

Comme aide et dernier moyen de sujétion, le cavalier doit appuyer l'*éperon* sur le flanc du cheval, en combinant son effet avec celui de la main, de telle manière que son action se confonde avec celle de la jambe, et ne fasse pour ainsi dire qu'augmenter la force de pression de celle-ci. Comme correction on doit appliquer *les deux éperons* sur les flancs du cheval et les y laisser jusqu'à ce qu'il ait obéi. Dans ce cas, il faut bien assurer l'assiette, afin de suivre l'élan du cheval dont on ne sera maître qu'autant que la main sera vigoureusement soutenue.

C'est pour prévenir une deuxième faute, qui ferait perdre au cavalier toute sa confiance, que celui-ci doit soutenir la main, lorsqu'il emploie les éperons comme moyen de correction.

QUATRIÈME LEÇON.

TRAVAIL MILITAIRE.

L'Instructeur en chef règlera le travail de manière que les recrues soient, pour la quatrième leçon à pied, de quelques jours en avance sur la quatrième leçon à cheval.

La progression de cette leçon étant semblable à celle de la quatrième leçon dans l'ordonnance, nous nous contenterons d'indiquer les paragraphes de l'école du cavalier à cheval auxquels l'instructeur doit avoir recours.

Cette leçon est donnée au-dehors. — Le travail a lieu une fois par jour, et la durée des séances est d'une heure et demie.

Chaque semaine deux séances d'une heure seront employées à l'étude des Tableaux.

PREMIÈRE PARTIE.

N° 383 comme l'ordonnance. N° 323 de l'ordonnance (en supprimant *relever les étriers*, ainsi que la prescription relative à la tenue des hommes et à celle des chevaux).

MONTER A CHEVAL,
N° 277 comme l'ordonnance.

TRAVAIL AVEC LE SABRE SEULEMENT.

Pour faire exécuter le travail militaire, on emploiera les commandements prescrits par l'ordonnance, aux paragraphes 325, 326, 310, 312, 330, 331, 332, 333, 335, 338, 342, 343, 344, 345, 346, 347, 348, 351, 359, 360, 362, 374, 375, 378.

Toute la fin de la première partie comme l'ordonnance, N°ˢ 385 à 420.

METTRE PIED A TERRE ET DÉFILER.

N°ˢ 339, 301 et 302 de l'ordonnance.

DEUXIÈME PARTIE.

Comme l'ordonnance, N°ˢ 421 à 423.

N° 424. — Les cavaliers marchant en colonne au pas, AU TROT ET AU GALOP, l'instructeur fait exécuter etc. (le reste comme l'ordonnance).

N° 425. — Comme l'ordonnance.

N° 426. — Comme l'ordonnance.

N°ˢ 427 et 428. — Substituer au détail de l'ordonnance celui de la première partie de notre troisième leçon.

N°ˢ 430, 431 et 432. — Comme l'ordonnance.

N° 433. — Comme l'ordonnance.

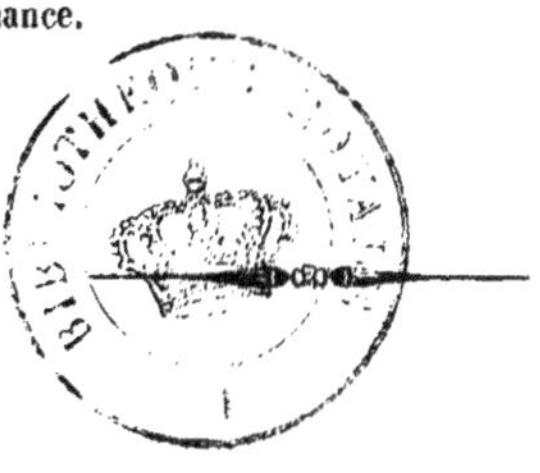

TABLE.

INDICATION DES PARTIES PRINCIPALES QUI ENTRENT DANS LA STRUCTURE DU CHEVAL.

(Ces tableaux, pour remplir le but qu'on s'est proposé dans cette progression, devront être disposés sur une feuille, collés sur carton, et mis en évidence dans les chambres comme les tableaux du démontage des armes, des marques extérieures de respect, etc.)

OS, Partie dure et blanche destinée à servir de charpente au corps de l'animal.

CARTILAGES, Substance moins dure que les os, qui leur fait suite dans plusieurs parties, qui les réunit et facilite les mouvements.

LIGAMENTS, Cordons très-forts qui servent à maintenir les os dans leur position.

MUSCLES, Parties rouges appelées vulgairement *chair*, susceptibles de se raccourcir et de s'alonger : servent aux mouvements.

TENDONS, Parties blanchâtres qui font suite à la partie rouge, s'implantent dans les os, et leur transmettent l'action des muscles.

RAYON ARTICULAIRE, Espace compris entre les deux extrémités d'un os.

ANGLE ARTICULAIRE, Est l'angle compris entre deux rayons qui ont une direction différente.

ARTICULATION, Réunion de deux ou plusieurs os. On divise les articulations en *mobiles, immobiles et mixtes.*
Les *articulations mobiles* sont celles qui permettent des mouvements plus ou moins étendus.

Les *articulations immobiles* sont celles qui joignent et soudent les os entre eux sans leur permettre de mouvements.

Les *articulations mixtes* son celles dont les mouvements sont très-bornés.

Les articulations mobiles sont :

Orbiculaires ou *par genou* . . . permettent des mouvements en tous sens.

Par charnière parfaite . . . permettent les mouvements d'*extension* (qui ouvrent l'angle articulaire), *de flexion* (qui ferment l'angle articulaire).

Par charnière imparfaite . . . permettent des mouvements d'extension et de flexion, et de plus des mouvements sur le côté.

Par pivot . . . . permettent des mouvements sur place.

Par coulisse . . . . . . se disent de deux os qui glissent l'un sur l'autre.

Description du squelette.

On entend par Squelette, la réunion des os d'un même animal. — Le Squelette se divise en trois parties : *la Tête, le Tronc, les Membres.*

LA TÊTE.

LE CRANE. { L'os de la nuque, / Les os du front, / Les os des tempes, / Les fosses temporales, / Les cavités des yeux. } Ces os se *réunissent* les uns aux autres par des articulations immobiles.

MACHOIRE IMMOBILE. { Les os du nez (la cavité du nez), / Les ailes du nez, / Les os des joues, / Les dents molaires, / Les dents incisives. } Ces os se *réunissent* les uns aux autres par des articulations immobiles.

MACHOIRE MOBILE. { Formée d'un seul os, / Les dents molaires, / Les dents incisives, les crochets. } La mâchoire mobile s'articule avec la mâchoire immobile par une charnière imparfaite.

LE TRONC.

COLONNE VERTÉBRALE.
7 vertèbres du cou. — *La première s'articule avec l'os de la nuque par une charnière imparfaite; la deuxième avec la première par pivot.*
18 vertèbres du dos. (Les 3e, 4e, 5e et 6e forment le garrot, où vient s'attacher le ligament cervical, destiné à soutenir la tête.) — *Toutes les autres vertèbres se joignent par une articulation mixte.*
6 vertèbres du rein.
L'os de la croupe.
15 à 18 os de la queue . . . . . . — *Se joignent par une articulation mixte.*

18 CÔTES, { Les 9 premières se nomment *vraies côtes*; les 9 dernières se nomment *fausses côtes.* } Se joignent aux vertèbres du dos par une articulation mixte. Les 9 premières se réunissent au sternum; les 9 dernières se réunissent entre elles.

LE STERNUM.

L'OS DU BASSIN. { La partie supérieure forme le sommet de la croupe.—Les parties latérales forment les pointes des hanches.—Les parties postérieures forment les pointes des fesses. } Se joint à l'os de la cuisse par une articulation orbiculaire.

LES MEMBRES.

ANTÉRIEURS.

L'os de l'épaule. . . . . . — Se joint avec l'os du bras par une articulation orbiculaire.
L'os du bras. . . . . . . — avec l'épaule par une articulation orbiculaire.
L'os de l'avant-bras (le coude). . . — avec l'os du bras par une charnière parfaite.
7 os du genou (l'un d'eux est l'os crochu) — avec l'avant-bras par une charnière parfaite.
L'os du canon (avec le péroné) . . — avec les os du genou par une charnière parfaite.
Les sésamoïdes.
L'os du paturon. . . . . . — avec l'os du canon par une charnière parfaite.
L'os de la couronne . . . . — avec le paturon par une charnière parfaite.
L'os du pied . . . . — avec l'os de la couronne par une charnière parfaite.
L'os naviculaire.

POSTÉRIEURS.

L'os de la cuisse. . . . . . — avec l'os du bassin par une articulation orbiculaire,
L'os de la rotule. . . . . . Est fixé à la partie antérieure et inférieure de l'os de la cuisse par des ligamens : s'articule par coulisse.
L'os de la jambe. . . . . . Se joint à l'os de la cuisse par une charnière parfaite.
6 os du jarret (2 irréguliers, — 2 aplatis, — la poulie, la pointe du jarret) — avec la jambe par charnière parfaite.
Les autres rayons des membres postérieurs sont en tout semblables, à partir du jarret, à ceux des membres antérieurs à partir du genou. Ils ont les mêmes noms et s'articulent de la même manière.

Description de l'extérieur.

On considère dans le cheval *l'avant-main, le corps* et *l'arrière-main.*

L'avant-main comprend :

La nuque,	Les naseaux,	L'épaule,
Le toupet,	La bouche,	Le bras,
Les oreilles,	Les lèvres,	L'avant-bras,
La gorge,	Les barres,	Le coude,
Le front,	La langue,	La châtaigne,
Les sourcils,	Les dents,	Le genou,
Les sallières,	Le menton,	Le canon,
Les tempes,	L'auge et la ganache,	Le boulet,
Les yeux,	L'encolure et la crinière,	Le fanon et l'ergot,
Les joues,	Le poitrail,	Le paturon,
Le chanfrein,	Le passage des sangles,	La couronne,
Le bout du nez,	Le garrot,	Le pied.

Le corps comprend :

Le dos,
Les reins,
Les côtes, — formant la cavité de la poitrine où sont renfermés le cœur et les poumons.
Le ventre, — qui contient l'estomac et les intestins.
Les flancs.

L'arrière-main comprend :

La croupe,	Les mamelles (dans la jument),	Les fesses,
Les hanches,	La vulve (dans la jument),	La jambe avec le mollet,
La queue,	L'anus,	Le jarret,
Le fourreau,	Les cuisses,	Le grasset.

Le canon et les autres parties, comme pour les membres antérieurs.

---

2. DESCRIPTION DE L'EXTÉRIEUR DE L'HOMME.

LA TÊTE. { Le crâne, / La face, / Les mâchoires, / Les yeux, / Les oreilles, / Le cou. } La tête s'articule avec le cou de la même manière que chez le cheval, mais avec des mouvements plus étendus.

LE TRONC. { La poitrine / Les épaules, / Le dos, / Le rein, / La ceinture. / Le bassin, (les hanches, la pointe des fesses, le pubis) forme la base principale de l'assiette. / Le coccyx. } S'articule avec les cuisses par une articul. orbiculaire.

MEMBRES INFÉRIEURS.

Les cuisses, { Partie immobile, forment avec les fesses une des bases de l'assiette. } S'articulent avec le bassin par une articulation orbiculaire.
Les genoux. . . . . Même articulation que chez le cheval.
Les jarrets, / Les jambes, { Jouissent de l'extension et de la flexion ainsi que d'un très-léger mouvement de rotation en dedans et en dehors.
Les pieds, (le talon, le coude-pied, les orteils) { Leurs articulations permettent des mouvements presque en tous sens.

MEMBRES SUPÉRIEURS.

Le bras . . . . Se joint à l'épaule par une articulation orbiculaire.
L'avant-bras. . . . Jouit des mouvements d'extension, de flexion et de rotation.
La main, (le poignet, la paume, le dos, les doigts) { Mouvements dans tous les sens.

D'ELBÉE, cap. instructeur
au 2e de Cuirassiers.

3. DES ALLURES.

DÉFINITIONS PRÉLIMINAIRES.

BIPÈDE . . . . . Deux pieds du cheval.
BIPÈDE ANTÉRIEUR . Les deux pieds de devant.
BIPÈDE POSTÉRIEUR. Les deux pieds de derrière.

Ω · · · · · Ω

Ω

BIPÈDE DIAGONAL. . Un pied de devant d'un côté et un pied de derrière de l'autre côté.

Ω

BIPÈDE LATÉRAL . . Un pied de devant et un pied de derrière du même côté.

Ω

On entend par *allures*, les diverses manières dont le cheval opère la marche : on en distingue quatre : LE PAS, LE TROT, LE GALOP et LA COURSE.

Pendant la marche, les extrémités parcourent *quatre* périodes successives ; 1° LE LEVER, 2° LE SOUTIEN, 3° LE POSER, 4° L'APPUI.

Le lever est le moment où le membre quitte le sol.
Le soutien comprend le temps où le membre est en l'air.
Le poser est l'instant où le membre regagne le sol.
L'appui est le temps où le membre demeure fixé au sol.
On appelle *foulée* ou *battue* le bruit du pied sur le sol.

DU PAS.

Le pas consiste dans un mouvement alternatif et diagonal des extrémités qui font entendre quatre battues également espacées.

Exemple : 1° la jambe droite de devant; 2° la jambe gauche de derrière; 3° la jambe gauche de devant; 4° la jambe droite de derrière.

  3 Ω   1 Ω
  2 Ω   4 Ω

DU TROT.

Le trot consiste dans un mouvement des bipèdes diagonaux qui se lèvent et se posent simultanément ; il n'en résulte que deux battues égales. Ex. : le bipède diagonal droit se lèvera et se posera le premier; le bipède diagonal gauche se lèvera et se posera après le bipède diagonal droit.

  2 Ω   1 Ω
  1 Ω   2 Ω

DU GALOP.

Le galop consiste dans une élévation alternative de l'avant et de l'arrière-main l'une sur l'autre, accompagnée de l'élancement de la masse en avant.

Un cheval galope sur le pied droit toutes les fois que la jambe droite de devant entame le mouvement, et que le latéral droit précède le latéral gauche.

Le mécanisme de cette allure (pour le travail militaire) s'opère en trois battues.

Exemple :

POSER.
1° Le pied postérieur gauche.
2° Le bipède diagonal gauche.
3° Le pied antérieur droit.

  2 Ω   3 Ω
  1 Ω   2 Ω

LEVER.
1° Le pied antérieur droit.
2° Le bipède diagonal gauche.   en sens inverse du poser.
3° Le pied postérieur gauche.

  2 Ω   1 Ω
  3 Ω   2 Ω

Un cheval galope sur le pied gauche toutes les fois que la jambe gauche entame le mouvement.

Un cheval *galope juste* lorsqu'il galope sur le pied droit en travaillant ou tournant à main droite, et sur le pied gauche en travaillant ou tournant à main gauche.

Un cheval *galope faux* lorsqu'il galope sur le pied gauche en travaillant ou tournant à main droite, et sur le pied droit en travaillant ou tournant à main gauche.

Un cheval est *désuni*, lorsqu'il galope à droite des pieds de devant, et à gauche des pieds de derrière, ou lorsqu'il galope à gauche des pieds de devant, et à droite des pieds de derrière.

DE LA COURSE.

La course est la plus rapide des allures, elle ne s'emploie que pour la charge, et a lieu par le mouvement simultané de chacun des bipèdes antérieurs et postérieurs.

  1 Ω · · · · · Ω 1
  2 Ω · · · · · Ω 2

4. DES ROBES.

On entend par *robe*, la couleur du poil et des crins du cheval.

On entend par *signalement*, la désignation de la robe et des particularités qui peuvent faire reconnaître un cheval.

Pour rendre les signalements faciles à établir, on a divisé les robes en cinq classes, et les classes en nuances.

CLASSES.		NUANCES.
1re. TÊTE, CORPS, CRINS & JAMBES D'UNE MÊME COULEUR.	NOIR. Son nom indique sa couleur.	MAL TEINT. — d'une nuance roussâtre. FRANC. — foncé.
	BLANC. Son nom indique sa couleur.	SALE, — poils blancs jaunâtres à leurs pointes. PORCELAINE, poils blancs sur une peau noire.
	ALEZAN. Couleur roussâtre, approchant de la canelle.	CLAIR, — jaunâtre. CERISE, — rougeâtre. OBSCUR, — brunâtre. BRULÉ, — noirâtre.
2e. UNE COULEUR, JAMBES NOIRES, LES CRINS TRÈS-SOUVENT NOIRS.	BAI, même couleur que les alezans.	CLAIR, — jaunâtre. CERISE, — rougeâtre. CHATAIN, — brunâtre. MARRON, — nuances jaunes ou rouges et brunes. Ordinairement, le dessus du corps est d'un brun noirâtre; au-dessous, la teinte devient rougeâtre et quelquefois jaunâtre près des membres.
	ISABELLE, même couleur que les alezans, mais très-souvent jaunâtre.	CLAIR, — blanchâtre. FONCÉ, — jaunâtre.
	SOURIS, couleur de l'animal qui porte ce nom.	CLAIR, — la pointe du poil est d'une couleur cendrée claire. FONCÉ, — couleur cendrée se rapprochant davantage du brun.
3e. 2 COULEURS, JAMBES PAREILLES.	GRIS, mélange égal de poils blancs et noirs.	CLAIR, — prédominance des poils blancs. FONCÉ, — prédominance des poils noirs.
	AUBÈRE, mélange de poils blancs et alezans en proportions diverses.	CLAIR, — prédominance des poils blancs. FONCÉ, — prédominance des poils noirs.
	LOUVET, mélange de poils noirs et alezans.	CLAIR, — prédominance des poils alezans jaunâtres. FONCÉ, — prédominance des poils noirâtres.
4e. 3 COULEURS, jambes pareilles.	ROUAN, mélange de poils blancs, alezans et noirs.	CLAIR, — prédominance des poils blancs. VINEUX, — prédominance des poils alezans rougeâtres. FONCÉ, — prédominance des poils noirs.
5e. ROBES MÉLANGÉES.	PIE, mélange par taches plus ou moins grandes des robes diverses.	NOIR, — mélange des taches de cette couleur avec les extrémités noires. BLANC, — mélange des taches de cette couleur avec les extrémités blanches. ALEZAN, — prédominance des taches de cette couleur. BAI. — prédominance des taches de cette couleur.

DES PARTICULARITÉS.

On entend par *particularités*, les diverses modifications que la nature ou les maladies apportent dans une partie quelconque de la robe.

Épis. Direction irrégulière des poils dans certaines parties.

Pommelé. Taches rondes répandues sur tout le corps ou sur certaines parties.

Rubican. Présence d'un plus ou moins grand nombre de poils blancs sur une robe quelconque.

Ladre. Couleur blanchâtre de la peau sur certains endroits dépourvus de poils.

Cap-de-maure. Couleur noire de la tête.

Marque en tête. Tache blanche plus ou moins régulière et étendue qui se rencontre sur le front.

Liste. Tache blanche oblongue qui se rencontre sur le chanfrein et peut se prolonger sur le front, le nez, etc.

Yeux vairons. Couleur marbrée des yeux.

Lavé. Se dit des poils du ventre et du flanc d'un cheval alezan ou bai, lorsqu'ils sont d'un jaune pâle.

Raie de mulet. Raie noire qui règne depuis le garrot jusqu'à la queue.

Balzane. Tache blanche qui s'étend tout autour de la jambe, depuis la corne jusqu'au milieu du canon.

Balzane incomplète. Ne fait pas le tour entier de la couronne

Principe de balzane. Peu étendue en hauteur.

Trace de balzane. Principe de balzane qui ne fait point le tour de la couronne.

Petite balzane. S'étend sur la couronne et sur le paturon.

Balzane chaussée. Monte jusqu'au genou et au jarret.

Balzane haut et très-haut chaussée. Atteint le milieu des avant-bras et des jambes, et même arrive jusqu'au tronc.

D'ELDÉE, cap^e instructeur
au 2e de Cuirassiers.

www.ingramcontent.com/pod-product-compliance
Lightning Source LLC
LaVergne TN
LVHW022348170726
843503LV00008B/3601